Siegfried Kogelfranz (Hg.)

Die Vertriebenen

SPIEGEL-BUCH

Umschlagentwurf: SPIEGEL-Titelgrafik
Veröffentlicht im Rowohlt Taschenbuch Verlag GmbH,
Reinbek bei Hamburg, Juli 1985
Copyright © 1985 by SPIEGEL-Verlag
Rudolf Augstein GmbH & Co. KG, Hamburg
Satz Times, Utesch Satztechnik GmbH, Hamburg
Gesamtherstellung Clausen & Bosse, Leck
Printed in Germany
ISBN 3 499 33063 6

Inhalt

7

1

Siegfried Kogelfranz

«Eine Tragödie ungeheuren Ausmaßes»

Die Vertreibung der Deutschen

In einer klirrend kalten Februarnacht schreckten die Bewohner einer Villa in Kalisch südöstlich von Posen jäh aus dem Schlaf. An der Haustür wurde gerüttelt, dagegengehämmert und -getreten. Als der Hausherr öffnete, drängten sich drei bewaffnete Uniformierte herein. Barsch befahlen sie der Familie, Eltern und vier Kindern, ihr Haus binnen einer halben Stunde zu räumen.

Es blieb kaum Zeit zum Zusammenraffen einiger Wertsachen, warmer Kleidung und Lebensmittel. Als der Familienvater einen geräucherten Schinken einpacken wollte, rissen die Eindringlinge den an sich. Sie drängten die Familie hinaus, schlossen ab und steckten den Haustürschlüssel ein.

Den jungen Schäferhund Rex, der im Hof aufgeregt bellte, brachte einer der Uniformierten mit zwei Schüssen aus seiner Pistole zum Schweigen. «Das Todeswinseln von Rex war der Abschied von unserem Heim», erinnert sich Tochter Teresa, damals neun Jahre alt.

Die Familie, die ihre ganze verbliebene Habe auf einen Kinderschlitten lud, «mit dem wir nachmittags noch fröhlich gerodelt hatten» (Teresa), wurde in den Turnsaal der nahen Handelsschule geführt, die eine der Töchter bis vor kurzem besucht hatte. Er füllte sich in den folgenden Tagen mit Hunderten von Vertriebenen, die auf dem nackten Boden lagerten. Dann wurde die Kolonne, wieder nachts, zum Bahnhof getrieben und in eiskalte Viehwaggons gepfercht. Nach zwei Tagen und zwei Nächten, in denen der Zug immer wieder auf Nebengeleise geschoben wurde, landete der Treck in den Kasematten eines alten Forts. Dort gab es keine Heizung, außer dem Mitgebrachten nichts zu essen; der Schnee im Innenhof mußte Trink- und Waschwasser ersetzen.

Drei Wochen später wurden die Vertriebenen zu Verwandten, weit weg von ihrer Heimat, entlassen. Ihr schönes Haus in Kalisch, das der Vater, ein Bauingenieur, erst wenige Jahre zuvor errichtet hatte, übernahmen mit allem Inventar die neuen Herren: Ein Staatsanwalt mit seiner Familie setzte sich ins gemachte Nest.

Der Leidensweg der Heimatvertriebenen war damit noch lange nicht zu Ende. Sie wurden weiter deportiert, eingesperrt, voneinander getrennt. Von der sechsköpfigen Familie kamen vier Mitglieder um, nur der Sohn und die jüngste Tochter, Teresa, überlebten.

Vertriebenenschicksal im Osten – ja, aber nicht 1945, sondern schon 1940. Denn Teresa Kuczyńska aus der Tschestochowskastraße 20 in Kalisz (wie es damals noch und danach wieder hieß) gehörte jener polnischen Intelligenzschicht an, deren Vertreibung und spätere Ausrottung die Deutschen ab 1939 betrieben, solange sie dazu Gelegenheit hatten.

Die Kuczyńskas wurden zusammen mit 700 000 anderen Polen und 500 000 Juden 1940 aus dem sogenannten Warthegau vertrieben, westpolnisches Land, das zwar nur knapp zehn Prozent deutschsprachiger Bewohner zählte, aber nach dem Blitzsieg der Wehrmacht dem Deutschen Reich einverleibt und zum Siedlungsgebiet für Reichs- und über 350 000 Volksdeutsche erklärt wurde, die Hitler aus dem Baltikum, aus Wolhynien und vom Balkan «heim ins Reich» holte, oft genug gegen den Willen der Betroffenen.

«Es waren sehr viele darunter, die sich in die noch warmen Betten der polnischen Vertriebenen legten», erinnert sich die baltendeutsche Schriftstellerin Waltraut Villaret, die selbst 1939 aus Riga in den Warthegau umgesiedelt wurde: «Man war ständig von dem schlechten Gefühl ge-

8

quält, unrechtmäßig da zu sein, eine unrechtmäßige Wohnung zu haben, Arbeit und Lebensmittelkarte – nämlich alles das, was die Polen nicht hatten.» 1945 wurde Frau Villaret aus «der neuen Heimat, die nie eine war», selbst wieder vertrieben.

Damals aber, 1939, mußten, wie es der in das annektierte Gebiet als Amtskommissar abkommandierte Alexander Hohenstein in seinem «Wartheländischen Tagebuch» eindringlich beschreibt, im Warthegau verbliebene Polen Fahrräder und Photoapparate, dann auch noch Musikinstrumente und Möbel abliefern, wurden ihre Bildstöcke zerstört, die Schulen und Kirchen geschlossen, Lehrer und Priester deportiert.

In diesem «Exerzierplatz der nationalsozialistischen Weltanschauung» – so die Pläne Berlins – waren «Menschen, deutsche Menschen, so bestialisch, so sadistisch, so teuflisch», daß es der durchaus national gesinnte deutsche Amtmann nicht fassen konnte. Er wurde abgezogen, nachdem er sich geweigert hatte, einige Juden aus seinem Getto für ein Schau-Henken zu liefern. Insgesamt fast 20 Millionen Polen sollten damals nach den Plänen Heinrich Himmlers liquidiert oder ausgesiedelt werden, bis ins ferne Brasilien, wo, so Himmler, «dem fanatischen katholischen Klerus verhältnismäßig leicht die Umvolkung der katholischen Polen gelingen sollte».

Zurückgebliebene Polen sollten zu Sklaven der germanischen Herrenrasse degradiert werden – mit vierklassigen Volksschulen für ihre Kinder, in denen sie neben «einfachem Rechnen bis 500 und Schreiben des Namens» nur noch lernen sollten, daß es ein «göttliches Gebot ist, den Deutschen gehorsam, ehrlich, fleißig und brav zu sein» (Himmler).

Der Kriegsverlauf verhinderte die Ausführung solcher aberwitzigen Pläne. Immerhin gelang es den Nazis, ein Viertel der Bevölkerung Polens zu liquidieren – darunter auch zwei Drittel der Vertriebenen-Familie Kuczyńska: Der Vater wurde in Dachau ermordet, die Mutter und zwei

Töchter verhungerten in Bergen-Belsen. Teresa, die Jüngste, überlebte Auschwitz (Häftlingsnummer 82852), ihr Bruder ein Kriegsgefangenenlager nach dem Warschauer Aufstand.

«Die nationalsozialistische Politik», so der Historiker Wolfgang Benz, «war Ursache des Unglücks, das am Ende des Zweiten Weltkriegs über die Opfer von Flucht und Vertreibung hereinbrach.» Die Abermillionen Deutschen, die nach 1945 brutal vertrieben wurden, bezahlten letztlich die Rechnung für all das, was Hitler und Himmler, die SS und die Wehrmacht im Osten verbrochen hatten.

Sechs Jahre nach der neunjährigen Teresa Kuczyńska, die in einer eisigen Februarnacht das Vaterhaus in Kalisz verlassen mußte, erlebte die elfjährige Monika Taubitz im schlesischen Eisersdorf, Kreis Glatz, das gleiche Schicksal.

Am 24. Februar, einem Sonntag, kamen, so beschrieb es das junge Mädchen in ihrem Tagebuch, «polternde Schritte die Treppe heraufgestürmt, die Miliz. Sie kamen in mein Zimmer und zogen mich so sehr, daß ich beinahe aus dem Bett gestürzt wäre ... Ich zog mir etwas an ... dazwischen brüllte die Miliz ‹noch nicht fertig? Schnell, schnell!›»

«Ich war ganz verwirrt. Auch zog ich mir ungeheuer viele Sachen an. Ein Pole trieb uns wieder an. Da brüllte ich los. Der Pole zeigte wütend auf sein Gewehr und schrie: ‹Du ruhig sein, sonst ich dich erschießen!› Dann mußten wir das Haus verlassen. Wir wurden bis zur Schule getrieben, dort mußten wir warten.»

In Glatz wurden die Vertriebenen «wie Kühe, Schafe oder Schweine» in Viehwaggons verladen, frierend und hungernd «an vielen zertrümmerten Städten und Dörfern vorbei» quer durch Deutschland gefahren, bis sie in Nordenham landeten, wo es, so die Elfjährige, «gar nicht schön ist und die Leute, bis auf einzelne Familien, sehr häßlich zu uns sind».

Monika Taubitz überlebte das Inferno, das 1945 als Folge des Hitler-Wahnsinns völlig überraschend über die Menschen im deutschen Osten hereinbrach, der bis zum

Sommer 1944 von Luftangriffen verschont geblieben war und deshalb als eines der sichersten Gebiete des Reiches galt, in das noch zahlreiche Ausgebombte evakuiert worden waren. Mindestens zwei Millionen von insgesamt über 14 Millionen Flüchtlingen und Vertriebenen, der gewaltigsten Völkerwanderung aller Zeiten, bezahlten Hitlers Rechnung mit ihrem Leben.

Ihr Schicksal war, ohne daß sie davon etwas ahnten, schon 1943 in Teheran bestimmt, im Februar 1945 in Jalta engültig besiegelt worden, als die drei Siegermächte sich über die Verschiebung Polens um 250 Kilometer nach Westen auf Kosten des Deutschen Reiches einigten und dabei Polen 114 000 Quadratkilometer deutschen Bodens zugestanden – als Ersatz für 180 000 Quadratkilometer, die Polen im Osten an die Sowjet-Union verlor.

«Polen könnte sich nach Westen verlagern, wie Soldaten, die seitlich wegtreten. Falls es dabei auf einige deutsche Zehen trete, könne man das nicht ändern», befand Englands Kriegspremier Winston Churchill in Teheran – der sich, nachdem er den Polen den Handel noch damit schmackhaft machen wollte, daß die im Westen gewonnenen Gebiete «viel wertvoller seien als die im Osten verlorenen Pripjet-Sümpfe» um die betroffenen Deutschen herzlich wenig Sorgen machte: Am 15. Dezember 1944 erklärte er vor dem Londoner Unterhaus:

«Die nach unserem Ermessen befriedigendste und dauerhafteste Methode ist die Vertreibung. Sie wird die Vermischung von Bevölkerungen abschaffen, die immer zu endlosen Schwierigkeiten führt, wie in Elsaß-Lothringen. Mich beunruhigen diese großen Umsiedlungen nicht, die unter modernen Verhältnissen besser als je zuvor durchgeführt werden können.»

Vor Churchill hatte schon ein anderer Demokrat, Eduard Benesch, Präsident der Prager Exilregierung in London, die Aussiedlung der Deutschen aus einer künftigen Tschechoslowakei propagiert. Bereits im September 1941 – zu einer Zeit, da Hitler selbst noch Millionen Slawen ins und

SCHWEDEN

DÄNEMARK

1 460 0

Stettin

Berlin

BUNDESREPUBLIK   DDR

430 000

Leipzig

Köln
Bonn

3 230 000

Frankfurt

Prag

3 000 000

TSCHECH

München

Wien

Grenzen 1937
Deutsches Reich 1937
Grenzen nach 1945

ÖSTERREICH

300 00

LETTISCHE SSR

LITAUISCHE SSR

Klaipeda (Memel) •

1 980 000

• Kaliningrad (Königsberg)

0 000

Danzig

POLEN

690 000

• Warschau

• Brest-Litowsk

SOWJET-UNION

Flucht und Vertreibung der
Deutschen von 1944 bis 1950

reslau

• Krakau

OWAKEI

• Budapest

210 000   250 000

UNGARN   **RUMÄNIEN**

aus dem Reich deportierte – bekannte sich Benesch zum «Prinzip der Bevölkerungsumsiedlung», die «schonend und unter angemessenen humanen Bedingungen durchgeführt werden kann, und zwar unter internationaler Überwachung».

Freilich meinte er damals noch, man dürfe nicht so «naiv» sein anzunehmen, daß es möglich sein werde, «drei Millionen Deutsche auszutreiben». Schon «die Umsiedlung von einer Million Sudetendeutschen wäre ein ungeheurer Erfolg».

Mit zunehmender Schwächung des Reiches wurde der Tscheche forscher: 1944 teilte die tschechoslowakische Exilregierung den Alliierten mit, sie ziele auf die «Eliminierung der deutschen Minderheit in der Tschechoslowakei» ab: Zwei Drittel der Sudetendeutschen müßten das Land verlassen, allenfalls 800 000 würden geduldet werden.

Was dann tatsächlich über die Deutschen im Osten hereinbrach, von Ostpreußen über das Sudetenland bis zum Banat und Siebenbürgen hin, beschrieb der britische Nobelpreisträger Bertrand Russel im Oktober 1945 in einem Brief an die Londoner *Times* so: «In Osteuropa werden jetzt von unseren Verbündeten Massendeportationen in einem unerhörten Ausmaß durchgeführt, und man hat ganz offensichtlich die Absicht, viele Millionen Deutsche auszulöschen . . .»

Und der amerikanische Botschaftsrat in Moskau, George Kennan, berichtete: «Die Russen fegten die einheimische Bevölkerung vom Erdboden in einer Art, die seit den Tagen der asiatischen Horden kein Beispiel hat.»

Selbst Churchill, noch Ende 1944 über das Schicksal der Deutschen im Osten «nicht beunruhigt», sorgte sich nur neun Monate später über «eine Tragödie ungeheuren Ausmaßes hinter dem Eisernen Vorhang, der Europa gegenwärtig entzweischneidet» – denn unterdessen waren Millionen hungernder und besitzloser Flüchtlinge in den Westen Deutschlands geströmt, irrten Millionen Vertriebene durch das zerstörte Land, waren nach den Zahlenangaben von

14

Russen, Polen und Tschechoslowaken auf der Potsdamer Konferenz der Siegermächte im August 1945 weitere Millionen Deutsche spurlos verschwunden , denn «wo unsere Truppen hinkamen, da liefen die Deutschen weg», beschied Stalin seine Verbündeten.

Stalin: «Der Krieg hat dazu geführt, daß von den acht Millionen Deutschen dort fast niemand mehr zurückgeblieben ist.» Darauf flüsterte Admiral Leahy von der US-Delegation seinem Präsidenten Truman zu: «Natürlich nicht, die ‹Bolshies› haben sie alle umgebracht.»

Stalin log unverdrossen weiter: «In der Zone zwischen Weichsel und Oder haben die Deutschen ihre Felder im Stich gelassen, die Felder werden von den Polen bestellt und abgeerntet. Die Polen werden kaum einverstanden sein, den Deutschen die Rückkehr zu erlauben. Es ist in diesen Gebieten eine Situation entstanden, die nicht mehr zu ändern ist.»

Die Polen, auf Stalins Anregung hin nach Potsdam geladen, behaupteten, auf dem von ihnen in Besitz genommenen Gebiet befänden sich nur noch «eine bis anderthalb Millionen Deutsche, die aber nach der Ernte freiwillig bereit sind, in die Heimat zurückzukehren». In Wahrheit lebten damals, im Sommer 1945, noch vier bis fünf Millionen Deutsche in den Ostgebieten, die alles andere als wegziehen wollten – viele waren nach erster Flucht sogar wieder zurückgekehrt – die aber nun mit noch größerer Energie ausgetrieben wurden, und zwar mit dem Segen aller in Potsdam Versammelten.

Denn im Artikel XIII des Potsdamer Protokolls waren sich die Sieger trotz aller «moralischen Bedenken gegen umfangreiche Bevölkerungsumsiedlungen», so Churchill, der noch während der Konferenz seinen Premierposten verlor, letztlich doch wieder einig:

«Die drei Regierungen ... erkennen an, daß die Überführung der deutschen Bevölkerung oder Bestandteile derselben, die in Polen, der Tschechoslowakei und Ungarn zurückgeblieben sind, nach Deutschland durchgeführt werden muß. Sie stimmen darüber überein, daß jede derartige Überführung, die stattfinden wird, in ordnungsgemäßer und humaner Weise erfolgen soll.»

Wie das bis dahin in der Geschichte beispiellose Drama von Flucht und Vertreibung in der grausamen Wirklichkeit der Jahre 1945 bis 1947 tatsächlich aussah, schildert anhand erschütternder Aussagen Betroffener die «Dokumentation der Vertreibung der Deutschen aus Ost-Mitteleuropa», bereits 1954 vom Bundesministerium für Vertriebene herausgegeben, 1984 vom Deutschen Taschenbuch Verlag neu aufgelegt, belegen zahllose Augenzeugenberichte Vertriebener, Besatzerakten aus jener Zeit, aber auch ausländische wissenschaftliche Untersuchungen, wie die des amerikanischen Völkerrechtlers Alfred M. de Zayas über «dieses traurige Kapitel in der Geschichte des 20. Jahrhunderts».

Von sturen Durchhalteparolen Hitlers auf ihrer Scholle festgehalten, der im baltischen Kurland 300 000 voll ausgerüstete Soldaten für die Wahnvorstellung einer «neuen Offensive im nächsten Frühjahr» festhielt, während er in Ostpreußen 65jährige Volkssturm-Invaliden mit alten Flinten und je 18 Schuß Munition gegen die sowjetischen Panzerarmeen in Stellung schickte, wurden viele Millionen Deutsche im Winter und Frühjahr 1945 von rachedurstigen Rotarmisten überrannt, die der Schriftsteller Ilja Ehrenburg auf hemmungsloses Töten eingestimmt hatte. In einem Flugblatt hetzte Ehrenburg damals:

«Die Deutschen sind keine Menschen. Von jetzt ab ist das Wort Deutscher für uns der allerschlimmste Fluch. Von jetzt ab bringt das Wort Deutscher ein Gewehr zur Entladung. Wir werden nicht sprechen. Wir werden töten. Wenn du nicht im Laufe eines Tages wenigstens einen Deutschen getötet hast, so töte einen zweiten – für uns gibt es nichts lustigeres als deutsche Leichen. Zähle nicht die Kilometer. Zähle nur eines: die von dir getöteten Deutschen! Töte den Deutschen – dieses bittet dich deine greise Mutter. Töte den Deutschen – dieses bitten dich deine Kinder. Töte den Deutschen – so ruft die Heimaterde. Töte!»

Der Ort, «in dem Rußlands Rache für mehr als drei Jahre deutscher Gewaltherrschaft erstmals explodierte» (Günter Böddecker in «Die Flüchtlinge») war Nemmersdorf in Ostpreußen, von der Roten Armee im Oktober 1944 genommen, wenige Tage später von der Wehrmacht zurückerobert. Was die Deutschen dort vorfanden – und von einer internationalen Ärztekommission untersuchen ließen – berichtete unter anderen der Volkssturmmann Karl Potrek aus Königsberg der «Wissenschaftlichen Kommission der Bundesregierung zur Geschichte der Vertreibung der Deutschen aus Ost-Mitteleuropa»:

«An dem ersten Gehöft … stand ein Leiterwagen. An diesem waren vier nackte Frauen in gekreuzigter Stellung durch die Hände angenagelt. Weiter fanden wir dann in den Wohnungen insgesamt 72 Frauen einschließlich Kinder und einen alten Mann von 74 Jahren, die sämtlich tot waren, fast ausschließlich bestialisch ermordet, bis auf nur wenige, die Genickschüsse aufwiesen. Unter den Toten befanden sich auch Kinder im Wickelalter, denen mit einem harten Gegenstand der Schädel eingeschlagen war.

In einer Stube fanden wir auf einem Sofa in sitzender Stellung eine alte Frau von 84 Jahren vor, die vollkommen erblindet gewesen und bereits tot war. Dieser Toten fehlte der halbe Kopf, der anscheinend mit einer Axt oder einem Spaten weggespalten war … Die Ärztekommission stellte fest, daß sämtliche Frauen wie Mädchen von acht bis zwölf Jahren vergewaltigt worden waren, auch die alte blinde Frau von 84 Jahren.»

Die Greuel von Nemmersdorf, von der Nazi-Propaganda bis ins Letzte ausgeschlachtet, versetzten die Bevölkerung im Osten in Angst und Schrecken – doch die NS-Führung verbot jede Flucht bei drakonischen Strafandrohungen. Unerlaubte Evakuierung war mit Todesstrafe durch ein Standgericht bedroht.

Hitler erklärte Warnungen der Wehrmacht vor einem entscheidenden russischen Großangriff auf Ostdeutschland zum «größten Bluff seit Dschingis Khan». Sein Gauleiter

Koch kündigte den «vorzeitigen» Einsatz von Wunderwaffen an und dekretierte: «Kein echter Deutscher darf auch nur daran denken, daß Ostpreußen in russische Hände fällt!» Der Reichsführer SS Himmler, dem das Kommando an der Ostfront übertragen wurde, bestimmte: «Im Osten passiert nichts.» Kampfstarke Verbände wurden sogar für die Ardennenoffensive und die Verteidigung Budapests abgezogen – die verbliebenen Truppen forderte Gauleiter Koch auf: «Kämpft wie die Indianer!»

So wurde es dann zwar am 20. Januar 1945 dem Generalleutnant Oskar von Hindenburg erlaubt, die Sarkophage seiner Eltern aus dem Ehrenmal von Tannenberg zu bergen, das an den Sieg des Feldmarschalls über die Russen im Ersten Weltkrieg erinnerte, lebende Flüchtlinge aber befahl der Gauorganisationsleiter Paul Dargel «über den Haufen zu schießen».

Vielen gelang, wie Marion Gräfin Dönhoff, die mit ihrem Fuchs drei Monate lang tausend Kilometer gegen Westen ritt, die Flucht in letzter Stunde. Auf der Eisenbahnbrücke über die Nogat überholte die adelige Reiterin drei flüchtende Soldaten – einen mit Krücken, einen am Stock, einen mit verbundenem Kopf. «Für mich», schildert sie, «war dies das Ende Ostpreußens: drei todkranke Soldaten, die sich über die Nogat-Brücke nach Westpreußen hineinschleppten. Und eine Reiterin, deren Vorfahren vor 700 Jahren von West nach Ost in die große Wildnis jenseits des Flusses gezogen waren und die nun wieder nach Westen zurückritt – 700 Jahre Geschichte ausgelöscht.

Gegen die «Festung» Königsberg stürmte die 3. Weißrussische Front unter dem General Tschernjachowski, der seine Soldaten mit einem Tagesbefehl motivierte: «2000 Kilometer sind wir marschiert und haben die Vernichtung aller Errungenschaften gesehen, die wir in 20 Jahren aufgebaut haben. Nun stehen wir vor der Höhle, aus der heraus die faschistischen Angreifer uns überfallen haben . . . Gnade gibt es nicht, wie es auch für uns keine Gnade gegeben hat. Das Land der Faschisten muß zur Wüste werden, wie unser Land, das sie zur Wüste gemacht haben. Die Faschisten müssen sterben, wie auch unsere Soldaten gestorben sind».

Aber es starben nicht nur Faschisten und Soldaten – unter denen auch General Tschernjachowski. Als die Festung am 9. April kapitulierte, trieben die Russen die gesamte überlebende Bevölkerung aus der Stadt – in die sie nach tagelangem ziellosem Umherirren ohne Verpflegung dann wieder zurückkehren durfte – doch unterdessen war Königsberg radikal leergeplündert worden. Die Menschen nährten sich von Brennesseln, Löwenzahn, Lindenblättern, Kartoffelschalen galten als Delikatesse. In seinem «Ostpreußischen Tagebuch» schildert der Chirurg Hans Graf von Lehndorff: «Die Menschen, die man uns bringt, befinden sich fast alle im gleichen Zustand. Oben sind sie zu Skeletten abgemagert, unten schwere Wassersäcke ... Ein merkwürdiges Sterben ist dieser Hungertod. Die Menschen machen den Eindruck, als hätten sie den eigentlichen Tod schon hinter sich. Man kann sie noch ansprechen, sie greifen nach einem Zigarettenstummel – eher übrigens als nach einem Stück Brot, mit dem sie nichts mehr anzufangen wissen – und dann sinken sie auf einmal in sich zusammen.»

Nirgendwo im deutschen Osten verhungerten soviele Menschen wie in Königsberg. 1948 wurde der Rest der einstmals deutschen Bevölkerung weggeschickt. Aus Königsberg war das russische Kaliningrad geworden.

Zu dem Zeitpunkt war die Vertreibung der Deutschen aus den polnisch gewordenen Gebieten fast abgeschlossen. Von den Flüchtlingen der ersten Monate waren Hunderttausende auf dem Weg an Strapazen gestorben.

Bei der Vertreibung ging es oft kaum weniger brutal zu als einst unter Wehrmacht und SS im besetzten Osten. Deutschen wurden laut «Sonderbefehlen» 15 Minuten Zeit gegeben, ihre Häuser und Wohnungen zu räumen. Sie mußten die Schlüssel außen stecken lassen und durften 16 Kilo Handgepäck mitnehmen – das sich in zahlreichen Plünderungskontrollen bis zur Grenze meist auf Null reduzierte. Der Oberstudienrat Dr. Müller aus Danzig hatte, als er im Lager Scheune, der Endstation der Vertriebenenzüge auf polnischem Gebiet ankam, nur noch seine Unterhosen an.

Im niederschlesischen Hirschberg teilte die polnische Verwaltung den verbliebenen Deutschen jeweils per Plakatanschlag mit, was die Stunde geschlagen hatte: «Eines Tages», berichtete der Vertriebene R.W., «erschien ein Plakat, in dem mitgeteilt wurde, daß der Deutsche nichts mehr besitze, sondern daß der polnische Staat bestimmt, was dem Deutschen zu verbleiben habe – und das war nichts. Aufgrund dieser Verkündung wurden nunmehr die Wohnungen durchsucht, den Deutschen alles, was beweglich und begehrenswert schien, abgenommen, die Menschen auf der Straße ausgeplündert, bei Gegenwehr von der Miliz eingesperrt und geprügelt.»

Zur Hölle für die Deutschen wurden Lager, in denen Polen zu Vertreibende internierte. Zeitweilig gab es auf polnischem Gebiet über 1200 solcher Internierungsstätten, darunter das berüchtigte Lager Lamsdorf zwischen Oppeln und Neiße, in dem während des Krieges russische Gefangene einsaßen. Ein damals 20jähriger Partisan namens Gimborski folterte und mordete dort zwischen Juli 1945 und Herbst 1946 Tausende Oberschlesier aus dem Kreis Falkenberg nach schlimmster SS-Art. An einem einzigen Tag, dem 4. Oktober 1945, wurden bei einem Barackenbrand fast 600 Insassen erschossen, erschlagen oder verbrannt.

Josef Thiel aus Grüben, der im August 1945 in Lamsdorf eingeliefert wurde, berichtete der Wissenschaftlichen Kommission der Bundesregierung über die Aufnahme im Lager, bei der er selbst brutal zusammengeschlagen wurde, sowie über seine späteren Erfahrungen als Lager-Totengräber:

«Johann L. aus Bauerngrund trug einen schwarzen Vollbart. Die Posten hatten ihre wahre Freude an ihm. Unter Rufen ‹Du Judas, du SS, du Nazi!› spuckten sie ihn an und traten ihn mit den Stiefeln. Er mußte dann über Ackergeräte springen. Wo er es nicht konnte, wurde er darübergestoßen. Dann wurde in der Werkstatt sein Bart in den Schraubstock geklemmt. Mehrere Posten schlugen mit Eisenstäben auf ihn ein. Dann wurde ihm der Bart angezündet. L. gab in der Werkstatt seinen Geist auf. Er wurde im Splittergraben verscharrt.»

Familien wurden in Lamsdorf stets auseinandergerissen. Eine Mutter von drei Kindern berichtete:

«Wir litten schrecklichen Hunger. Als Verpflegung bekamen wir morgens zwei Pellkartoffeln und etwas Tee. Mittags einen halben Liter ungesalzene Kartoffelsuppe, abends wieder zwei Pellkartoffeln und Tee. Die Säuglinge schrien Tag und Nacht, bis der Hungertod sie endlich erlöste.»

«Frauen, die hatten erleben müssen, wie ihre toten Kinder und Männer verscharrt wurden, pflückten einige Blümchen und steckten sie in die Erde, die ihr Liebstes barg. Daraufhin mußten wir antreten, und mit Donnerstimme fragte uns der Posten, wer die Blumen auf die Gräber gepflanzt hätte. Die Frauen traten vor und bekamen 75 Schläge mit dem Knüppel. Frau L. ist daran gestorben.»

«Eine Frau fand im Lager ihren Mann wieder. Sie ging freudig auf ihn zu und mußte dafür mit ihrem Mann in glühender Sonne liegen, ohne Essen, das Gesicht der Sonne zu. Beide sind daran gestorben.»

Maria-Monika Dziallas, die im Lager ihre Eltern verlor, berichtete, manchmal hätten die Wachen gesagt, «es sind zu viele deutsche Schweine hier. Dann dachten sich die Bewacher wieder etwas Neues aus, um uns zu quälen. Wenn Menschen zu lange auf der Toilette waren, wurden sie erschossen.»

Der überlebende Lagerarzt Heinz Esser berichtete, daß 6488 Internierte, darunter 628 Kinder, im Lager Lamsdorf umgekommen sind.

Esser: «Die meisten Todesursachen waren entweder Tod durch Mißhandlungen, infolge Aushungerung, Erstickung der Lebendbegrabenen oder Erschießungen.»

«Beim Appell gab es täglich bis zu zehn Tote. Entweder

waren diesen die Halsschlagadern angeschlagen oder zerrissen oder die Eingeweide eingetreten worden. Oft stellte ich nachher offene Bauchdecken fest, aus denen die Eingeweide herausragten.»

Dem US-Senat lag, wie der Historiker de Zayas berichtet, im August 1945 ein Memorandum vor, in dem es heißt:

«Man hätte wohl erwarten dürfen, daß nach Entdeckung der Scheußlichkeiten, die sich in den Konzentrationslagern der Nazis ereigneten, niemals etwas derartiges wieder geschehen würde; das aber scheint leider nicht so zu sein. Zuverlässige Augenzeugen sagen aus, daß polnische Konzentrationslager bestehen, in denen deutsche Gefangene ebensolche Grausamkeiten erdulden.»

Wie die Polen, unter denen vorher die Nazis so furchtbar gehaust hatten, und deren Rachegefühle zu erwarten waren, wüteten auch die Tschechen, die allerdings weit weniger unter der NS-Herrschaft gelitten hatten, gegen alles Deutsche. So wie unter den Nazis der Judenstern, gab nun eine weiße Armbinde oder der Buchstabe N (für Némec – Deutscher) die so gebrandmarkten Menschen jeglicher Willkür preis: sie durften straflos gequält, beraubt, vergewaltigt und totgeschlagen werden, zum Teil in den gleichen Lagern, in denen vorher die SS Juden ermordet hatte, wie Theresienstadt.

Der jüdische Autor H. G. Adler, der zuvor unter den Nationalsozialisten selbst in Theresienstadt gelitten hatte, schilderte die Verhältnisse in diesem Lager 1946, als Deutsche dort eingesperrt waren, so:

«Bestimmt gab es unter ihnen welche, die sich während der Besatzungsjahre manches haben zuschulden kommen lassen, aber die Mehrzahl, darunter viele Kinder und Halbwüchsige, wurden nur eingesperrt, weil sie Deutsche waren. Der Satz klingt erschreckend bekannt; man hatte bloß das Wort ‹Juden› mit ‹Deutsche› vertauscht.»

«Die Fetzen, in die man die Deutschen hüllte, waren mit Hakenkreuzen beschmiert. Die Menschen wurden elend ernährt, mißhandelt, und es ist ihnen um nichts besser ergangen, als man es von deutschen Konzentrationslagern her gewohnt war. Der Unterschied bestand lediglich darin, daß der herzlosen Rache, die hier am Werke war, das von der SS zugrundgelegte großzügige Vernichtungssystem fehlte. Das Lager stand unter tschechischer Verwaltung, doch wurde von dieser nicht verhindert, daß Russen gefangene Frauen vergewaltigten.»

Im Mai 1945 richtete die tschechoslowakische Regierung im Strahov-Stadion bei Prag ein Durchgangslager für Deutsche ein – unseliges Vorbild späterer Stadion-KZs wie dem in Santiago de Chile nach dem Militärputsch gegen die Regierung Allende. Von den Zuständen im Stadion berichtete Dr. Ing. Kurt Schmidt aus Brünn:

«Im Stadion waren etwa 9000 bis 10 000 Personen untergebracht, unter freiem Himmel, auf der bloßen Erde . . . Die Verpflegung war ganz unzureichend. An den ersten drei Tagen gab es überhaupt nichts, später einmal täglich schwarzen Kaffee und eine dünne Suppe, dazu etwa 100 Gramm Brot pro Tag. Als sich die Todesfälle häuften, wurde für Kinder und Kranke eine Graupensuppe gekocht. Die zum Essenempfang notwendigen Eimer, die von den Internierten zur Verfügung gestellt werden mußten, wurden vielfach in der Nacht dann auch zu anderen Zwecken benützt. Die allgemeine Unsauberkeit – es gab nur offene Latrinen mitten am Platz, ohne Unterschied für Frauen, Männer, Kinder, Kranke und Gesunde, wo es von Insekten wimmelte – aber auch der Nahrungsmittelmangel führten zum Ausbruch der Ruhr. Da es keine Medikamente gab, standen die – ebenfalls internierten – Ärzte der Seuche machtlos gegenüber. Der Wehrmachtsarzt der Rotkreuz-Stelle sagte mir, daß Kinder unter zwei Jahren und alte Leute das Lager nicht lebend verlassen werden. So habe ich selbst dort meinen 15 Monate alten Jungen verloren; die mir hierüber von der Sanitätsstelle ausgegebene Bestätigung lautet auf Unterernährung.

Vor den Augen des ganzen Lagers fanden Hinrichtungen statt. Eines Tages hat man sechs junge Burschen so lange geschlagen, bis sie am Boden liegenblieben, dann mit Wasser begossen (dieses mußten deutsche Frauen holen) und dann weiter geschlagen, bis kein Lebenszeichen mehr zu sehen war.

Die furchtbar zugerichteten Leichen wurden absichtlich tagelang neben den Latrinen zur Schau gestellt . . . Während der Nächte hörte man das Jammern und Wimmern vergewaltigter Frauen. Schüsse knallten von allen Ecken und Enden, die Kugeln flogen über die Köpfe hinweg. Es herrschte ständiger Lärm, die ganze Nacht über war der Platz durch Scheinwerferlicht hell erleuchtet, und die Russen ließen immer wieder Leuchtraketen steigen. Die Nerven fanden Tag und Nacht keine Ruhe, man glaubte, in die Hölle geraten zu sein.»

Und während die «Großen Drei» in Potsdam eine «humane» Umsiedlung der restlichen im Osten verbliebenen Deutschen dekretierten, veranstaltete ein Mob in Aussig an der Elbe nach einer Explosion in einem Munitionslager ein Massaker unter allen Deutschen, derer sie habhaft werden konnten.

Aus dem Bericht eines tschechoslowakischen Beamten: «Militär sperrte die Elbbrücken. Die Deutschen, die weiße Armbinden trugen und von der Arbeit heimkehrten, wurden die ersten Opfer. Eine Mutter, die ihr Kind im Wagen über die Brücke fuhr, wurde mit Latten erschlagen, mit dem Kind über das Geländer in die Elbe geworfen. Ein weiterer Vorfall, der mir in Erinnerung blieb, war jener deutsche Antifaschist, der nach vier Jahren aus dem KZ zurückgekehrt war und jetzt als Monteur arbeitete. Ihm wurden die Haare ausgerissen und dann der Bauch durchschossen. Er starb auf der Stelle . . . Die Toten wurden geplündert, von internierten Deutschen auf Lastwagen geladen und zum Krematorium nach Theresienstadt gefahren. Die Begleiter der Toten kehrten nicht zurück.»

Die Zahl der Opfer des Mordens von Aussig wurden von der wissenschaftlichen Kommission der Bundesregierung auf 1000 bis 3000 geschätzt. Von den über drei Millionen

24

Sudetendeutschen starben vor und während der Vertreibung etwa 270 000.

Womöglich noch schlimmer erging es den Volksdeutschen in Jugoslawien. Von den rund 200 000 bei Kriegsende auf jugoslawischem Gebiet verbliebenen Deutschen sind 135 000 tot oder verschollen.

Kriege auf dem Balkan hatten sich immer durch besondere Grausamkeit ausgezeichnet. Der erbitterte Kampf zwischen Titos Partisanen und der Wehrmacht sowie zwischen faschistischen und antifaschistischen südslawischen Völkerschaften gegeneinander hatten Haß und Rachsucht bis zur Weißglut aufgeheizt. Als «Sühne für ein deutsches Soldatenleben» galten laut «Keitel-Befehl» der Wehrmacht «die Todesstrafe für 50 bis 100 Feinde als angemessen». So ließen die Deutschen in der Stadt Topola nach einem Partisanenüberfall, bei dem 22 Deutsche den Tod fanden, 2200 Einwohner erschießen.

Die Jugoslawen rächten sich. Nach der Eroberung von Belgrad metzelten die Partisanen Zehntausende deutscher Gefangener nieder, Soldaten wurden verstümmelt und kastriert, Nachrichtenhelferinnen auf Pfähle gespießt. Durch die Dörfer, in denen Volksdeutsche wohnten, zogen Exekutionskommandos und machten alle Männer über 14 nieder. Überlebende wurden in Lager gepfercht, in denen jeder dritte starb. Im Lager Rudolfsgnad waren im April 1946 fast die Hälfte der verbliebenen Insassen Kinder unter 14, deren Eltern tot, in die Sowjet-Union verschleppt oder verschollen waren.

Später wurden deutsche Waisen auf staatliche Kinderhorte verteilt, wo sie nur noch serbokroatisch sprechen durften. Die Wissenschaftliche Kommission der Bundesregierung beurteilte dies als «Versuch einer bewußten Umvolkung», der erst zu Ende ging, als über das Rote Kreuz eine Familienzusammenführung vereinbart und dabei auch Kinder in den Heimen erfaßt wurden.

Hunderttausende Volksdeutsche gab es noch in Rumänien und Ungarn. Stalin forderte die von ihm in diesen

Ländern eingesetzten Regierungen auf, auch ihre Deutschen auszutreiben. Rumänien lieferte ihm fast 100 000 Deutsche zur Zwangsarbeit in der Sowjet-Union aus – sie sollten dort in Stalingrad, am Don, in Odessa zusammen mit rumänischen Zwangsarbeitern die Schäden wiedergutmachen, die mit Hitler verbündete rumänische Armeen in Rußland verursacht hatten.

Aus Ungarn wurden 35 000 Deutsche in die UdSSR verschleppt, etwa 150 000 «Donauschwaben» ausgewiesen, die laut einer Vereinbarung mit den US-Besatzerbehörden in Deutschland, die ihre Aufnahme garantierten, 100 Kilo Gepäck mitnehmen durften, aber auch «eine Uhr, eine Bibel und die Eheringe». Etwa die Hälfte der Volksdeutschen blieb im Land, wenngleich ohne alle Minderheiten-Rechte.

Insgesamt kamen bei Flucht und Vertreibung von rund 14 Millionen Deutschen und Deutschstämmigen aus dem Osten Deutschlands, der Tschechoslowakei, aus den südosteuropäischen Gebieten über zwei Millionen Menschen um, einzelne Schätzungen gehen bis zu 2,8 Millionen. Zählt man dazu jene, die unter meist menschenunwürdigen Umständen freiwillig oder gezwungen irgendwo im Osten zurückblieben, Flüchtlinge von der Ostzone in die Westzonen sowie Verschollene, so summiert sich die Summe der von Flucht-, Vertreibungs-, Verschleppungs- oder Unterjochungsschicksal Betroffenen im Osten, die für Hitlers verlorenen Krieg bezahlen mußten, bis zum Jahr 1959 auf fast 20 Millionen Menschen.

Diese Zahlen waren so jenseits aller Vorstellungskraft, daß selbst die Sieger und damaligen Besatzungsmächte – mit Ausnahme von Stalin, der so etwas von seinen eigenen Säuberungen her gewohnt war – das Grausen ankam.

«Wie man glauben soll, daß das gegenwärtige Deutschland diese hungernde Bevölkerung in einer Größenordnung bis zu 14 Millionen aufnehmen kann, übersteigt meine Phantasie», äußerte Ende 1945 der Unterstaatssekretär im Londoner Foreign Office, Sir Orme Sargent.

Noch 1949 empfahl ein Kongreßausschuß in Washington die Ansiedlung eines Teiles der Flüchtlinge in Übersee: «Selbst wenn die größten Anstrengungen gemacht werden, um die Masse der Flüchtlinge in die deutsche Wirtschaft einzubeziehen, sollte man einer guten Million deutscher Vertriebener und Flüchtlinge die Möglichkeit zur Auswanderung bieten.»

Besonders die Briten verwehrten wiederholt Vertriebenen den Zuzug in ihre Zone, da sie fürchteten, die Lebensmittelversorgung werde zusammenbrechen. So stockte zuweilen die Austreibung der Sudetendeutschen, bis Stalin nach Hilferufen aus Prag seinen Marschall Schukow anwies, die Aussiedler in der russischen Zone aufzunehmen – was die Westalliierten nicht auf sich sitzen lassen wollten, so daß die Elendszüge mit Vertriebenen, bis zu einem Dutzend täglich, bald wieder in alle Zonen rollten. Laut einer Vereinbarung der britischen Besatzungsbehörden mit Prag mußten die Tschechen kranke Vertriebene genau spezifiziert extra auflisten – darunter «Verrückte, Blinde, Taube, Stumme, Bettlägerige und Pflegefälle» – eine Bürokratie des Infernos.

Besonders den Franzosen aber graute es vor der deutschen Bevölkerungs-Ballung an ihrer Ostgrenze. Der französische Oberkommandierende in Deutschland, General Koenig, sträubte sich noch 1949 in Briefwechseln mit dem US-General Clay, wie vorher vereinbart, 300 000 Flüchtlinge in «my Laender» aufzunehmen, obgleich die Französische Zone dafür mit 125 Millionen Dollar aus der Marshallplan-Hilfe subventioniert werden sollte. Und bei einer Außenministerkonferenz in Moskau im März 1947 warnte der Vertreter Frankreichs vor der latenten «Kriegsgefahr», die von Deutschen ausgehen würde, welche «zu zahlreich auf einem zu kleinen Gebiet zusammengepfercht» seien.

Einer Bevölkerungsdichte von 185 pro Quadratkilometer deutschen Gebiets im Jahre 1946 stünde, so die französische Argumentation, eine von nur 74 pro Quadratkilometer in Frankreich und 62 in Polen gegenüber. Durch weitere

Umsiedlungen würde die deutsche Bevölkerungsdichte auf rund 200 steigen. Frankreichs Vorschlag: eine großzügige Auswanderung von Deutschen nach Übersee, besonders Nordamerika und Australien zu organisieren.

Wider alle Erwartung aber absorbierte Rest-Deutschland binnen weniger Jahre so gut wie alle Flüchtlinge und Vertriebenen, ohne sozialen Aufruhr, ohne Aggressivität nach außen. Nur etwa eine Viertelmillion wanderte – aus eigenem Antrieb – in andere Länder aus.

Was deutsche Vertriebene in jenen bitteren Jahren durchmachen mußten, «was ein Mensch aushalten kann», schilderte im Jahre 1952 Frau M.N. aus Bärwalde, Kreis Neustettin in Pommern, in einem aufwühlenden 13 Seiten langen Bericht für die Dokumentation des Vertriebenenministeriums.

Als im März 1945 die Russen und Polen über Pommern kamen, wurden Frau M.N. und ihre Schwester am ersten Tag im Beisein ihres Mannes, der eine Kerze halten mußte, und dreier Kinder von Dutzenden Russen vergewaltigt, die, von zwei Feldgendarmen kommandiert, vor dem Haus Schlange standen. Ein Soldat schlug den Mann mit dem Gewehrkolben nieder. Nach der ersten Welle flüchtete die Familie auf einen Heuboden. Doch Spuren im Schnee führten neue Peiniger zu ihnen, die den zwei erschöpften Frauen wieder Gewalt antaten.

Dann kamen Uniformierte und Zivilisten, vergewaltigten die Frauen, folterten den Mann, erdrosselten die drei Kinder und hängten danach die drei Erwachsenen auf.

Bei Frau M.N. brach der Strick, sie fiel herunter. Als sie erwachte, lag sie auf einem Bett in ihrer Wohnung, ein Pole fragte sie: «Frau, wer gemacht?» «Ich sagte, die Russen, da schlug er mich und sagte ‹Russen gute Soldaten, deutsche SS-Schweine hängen Frauen und Kinder›.»

Frau M.N. bekam einen Schreikrampf und stürzte zum Bach nahe dem Haus, um sich zu ertränken. Aber auch da wurde sie wieder gerettet und zu Bekannten gebracht. Dort leuchtete ihr nachts ein Russe mit der Taschenlampe ins

Gesicht. Sie schrie und bat, er möge sie erschießen. Der Russe sagte, er sei Oberleutnant und sie brauche keine Angst zu haben. Dann rieb er sie mit einem Handtuch trocken, zog ihr den Ehering ab und vergewaltigte sie. Nach ihm kamen noch vier betrunkene Soldaten und mißbrauchten sie immer wieder. Als sie vor Schwäche nicht mehr zu gebrauchen war, schlugen und traten sie die Frau, bis sie von neuem ohnmächtig wurde. Später wollten andere Russen sie als Faschistin erschießen, weil über dem Bett, in dem sie lag, ein Hitlerbild hing. Ein Offizier verhinderte es, man ließ die wimmernde «Verrückte» laufen.

Bekannte brachten Frau M.N. zum sowjetischen Ortskommandanten, der die Schilderung ihrer Horrorerlebnisse unwirsch mit der Bemerkung unterbrach, deutsche SS hätte in Rußland vier Jahre so gehaust. Doch dann stellte er sie als Köchin und Näherin für die Kommandantur an und ließ sie sogar, als die Polen die Frau wegen der Erzählungen über den Massenmord an ihrer Familie festnehmen wollten, den polnische Partisanen verübt hatten, in einem Sanitätsauto über die Grenze nach Deutschland bringen.

Frau M.N. – eines von Millionen Vertriebenen-Schicksalen, über die der Politische Berater der amerikanischen Militärregierung in Berlin, Robert Murphy, am 12. Oktober 1945 nach Washington telegraphierte: «Hier ist Strafe im Übermaß – aber nicht für die Parteibonzen, sondern für Frauen und Kinder, die Armen, die Kranken.»

Die Situation der recht-, besitz- und heimatlosen Deutschen aus dem Osten im Nachkriegssommer 1945 macht drastisch ein derber Witz deutlich, mit dem ein Rotarmist einem Vertriebenen antwortete, der, eben aus Polen auf dem Westufer der Oder angekommen, verzweifelt fragte, wohin er nun gehen sollte. Der Russe in gutem Deutsch: «Du kannst rechts, du kannst links, du kannst aber auch ins Wasser.»

Fast zehn Jahre später, im November 1954, widmete Albert Schweitzer seine Rede anläßlich der Überreichung des Friedensnobelpreises dem Schicksal der Vertriebenen.

Der Urwalddoktor verurteilte in Oslo Gewissenlosigkeit und Barberei jener, die gegen Hitlers Barbarei zu Feld gezogen waren und gerügt hatten:

«In schlimmster Weise vergeht man sich gegen das Recht des geschichtlich Gegebenen und überhaupt gegen jedes menschliche Recht, wenn man Völkerschaften das Recht auf das Land nimmt, das sie bewohnen. Daß sich die Siegermächte am Ende des Zweiten Weltkrieges dazu entschlossen, vielen Hunderttausend Menschen dieses Schicksal, und dazu noch in der härtesten Weise, aufzuerlegen, läßt ermessen, wie wenig sie sich der ihnen gestellten Aufgabe einer gedeihlichen und einigermaßen gerechten Neuordnung der Dinge bewußt wurden.»

Ein anderer großer Geist, Gerhart Hauptmann, überlebte die Götterdämmerung in seiner Heimat nicht. In seinem «Haus Wiesenstein» in Agnetendorf stand der greise Dichter zwar nach der Potsdamer Konferenz offiziell unter besonderem «Schutz» der Warschauer Regierung, doch waren es Russen, die letzlich Hauptmann vor Übergriffen lokaler polnischer Stellen schützten.

Im Auftrag der Sowjetmarschälle Schukow und Rokossowski, versuchte der eigens abgeordnete Oberst Sokolow, ein «überaus gebildeter intimer Kenner des Hauptmannschen Werkes», so der Schriftsteller Gehrhart Pohl, Weggefährte des Dichters in jenen letzten Wochen, Hauptmann zur Abreise zu bewegen, «da die Deutschen aus dem Kreise Hirschberg restlos evakuiert werden».

Hauptmann: «Nun, dann fahren wir eben.» Später fragte er jedoch seine Frau: «Gretchen, darf ich mein Schlesien allein lassen?» Wenige Tage danach erkrankte er an Lungenentzündung, der dritten innerhalb weniger Monate. Am 3. Juni 1946 starb er. Seine letzten Worte waren «bin ich noch in meinem Hause?»

Draußen feierte die polnische Miliz den Tod des sagenumwobenen Deutschen, dem sie, solange er noch lebte, nichts anhaben konnten, mit einer Katzenmusik aus Kindertrompeten, Deckeln und Trillerpfeifen.

2

Joachim Schöps

«Die Bauern werden euch mit Heugabeln verjagen»

Die Eingliederung der Vertriebenen

Die Herren von der amerikanischen Militärregierung sind gekommen, deutsche Beamte aus München und Regensburg, und der Landrat des Kreises Neumarkt hat sich auch eingefunden. An Ort und Stelle, in der bayrischen Gemeinde Mühlhausen, soll über die Probleme mit den Flüchtlingen und Vertriebenen konferiert werden. Nur der Bürgermeister fehlt, ohne den das alles nicht geht.

Der Landrat, so befehlen die Amerikaner, möge den Mann mal schleunigst im Auto herbeiholen, und dann lernen sie ihn kennen. Diese Amis da sieht der Bürgermeister erst gar nicht an, die deutschen Amtsträger kriegen was zu hören: Das Flüchtlingsproblem, brüllt er los, sei ihm völlig egal, und diskutieren werde er darüber ganz bestimmt nicht.

Weil sie sich so etwas nicht gefallen lassen wollen und auch aus erzieherischen Gründen, geben die Besatzer Anweisung, den Bürgermeister für einen Tag in das nahegelegene Flüchtlingslager Kastl zu überbringen – damit er den Jammer dort einmal selber vor Augen hat. Morgens um elf liefert Landpolizei den Delinquenten am Eingang des Camps ab, aber schon um die Mittagszeit macht der sich wieder davon. Eilig: Die Lagerinsassen hatten ihm ans Leben gewollt.

Das geschieht im September 1948, als der größte Teil der zwölf Millionen Vertriebenen schon ein paar Jahre im Westen ist. Bürgermeister wie den von Mühlhausen haben sie natürlich nicht alle gehabt, aber den meisten ist bis dahin längst klargeworden, daß sie bei den Landsleuten, die eben noch Volksgenossen waren, unerwünscht sind.

«Die vom Schicksal geschlagenen ‹Grenzwächter des Deutschtums›», schreibt in dieser Zeit Rudolf Krämer-Badoni, «kamen in ein Deutschland, in welchem keiner eine andere Grenze als die vier Wände seiner Stube, seines Wohnkellers oder seines geretteten Häuschens kannte.»

In Bayern sammeln sich Eingesessene zu Wallfahrten, um von den Vertriebenenhaufen verschont zu bleiben; aber weil der Himmel nicht hilft, muß man sich dann doch selber darum kümmern. «Ich habe erlebt», erinnert sich ein Ostpreuße in der *Zeit*, «daß Wohnräume zugemauert und übertapeziert wurden, damit dort keine Vertriebenen eingewiesen würden.» Nicht selten, so berichtet eine vom Bonner Vertriebenenministerium geförderte Chronik* «hielten die Flüchtlinge unter dem Schutz von Maschinenpistolen Einzug in die Häuser.»

Es gilt das alliierte Kontrollratsgesetz Nr. 18, und das gibt den Wohnungsämtern das Recht, bei Weigerung oder Abwesenheit eines Eigentümers die Vertriebenen zwangsweise einzuquartieren. Ein Gastwirt in Unterfranken, registrieren Beobachter der amerikanischen «Intelligence Division», verwehrt einer zehnköpfigen Flüchtlingsfamilie, die schon gleich unter Polizeischutz angerückt ist, mit der Mistgabel den Einzug in die zugewiesenen drei Räume, und der Dorfbürgermeister springt ihm bei: «Ich werde die Sirenen heulen lassen, und dann werden die Bauern mit Heugabeln kommen und euch verjagen, niemand kommt hier rein.» Erst ein größeres Polizeiaufgebot bricht den Widerstand, und der Gastwirt kommt in Arrest.

«Ohne jeden Grund», so protokollieren die Besatzungsspäher, «gibt es oft Angriffe gegen Flüchtlinge in Läden, auf dem Markt etc. – zu dem Zweck, die ohnehin feindselige

---

*«Die Vertriebenen in Westdeutschland». Verlag Ferdinand Hirt. Kiel 1959.

Bevölkerung gegen sie aufzustacheln.» Beim Einkaufen würden die Vertriebenen häufig übergangen, mit dem Hinweis, alte Kunden und echte Bayern hätten nun einmal Vorrang.

Kampfplätze zwischen den Echten und den Zugereisten sind immer wieder Klo und Küche. Die Masse der Vertriebenen hat nicht einmal eine Handvoll Hausrat mitbringen können, und wenn nicht bereits beim Feilschen um die nötigsten Gebrauchsgegenstände, kommen sich die Hausfrauen spätestens am gemeinsam benutzten Herd ins Gehege. Nicht zu reden von dem stillen Ort, an dem sich die Fremdlinge nun auch noch niederlassen wollen.

In Wasserburg am Inn muß ein Flüchtling – verheiratet, zwei kleine Kinder – vor Gericht, dessen Vermieterin einfach die Toilette verschlossen und der bedrängten Familie bedeutet hat, ihretwegen könnten sie das Nötige ruhig auf der Treppe erledigen: Die Vertriebenen sind der Empfehlung gefolgt.

Als das Essen ihrer Flüchtlinge auf dem Herd steht, kippt eine Gastgeberin aus Kaufbeuren ein bißchen Benzin dazu, aber es explodiert nur einer der Vertriebenen: Er wirft die Vermieterin die Treppe hinunter, und die Frau verstirbt anderntags an den Folgen des Sturzes.

Der Streit herrscht landesweit, aber vor allem in den Dörfern hätte so mancher diese Ankömmlinge gern gleich noch einmal ausgewiesen. Das durchweg konservative Landvolk empfindet den massenhaften Zuzug «als einen psychologischen Schock», wie der Völkerkundeprofessor Alfred Karasek-Langer schreibt, «die Fremden werden von jedermann als Bedrohung der altgewohnten Ordnung gewertet.»

Versuche von Vertriebenen, sich wieder selbständig und damit seßhaft zu machen, treffen oft auf den entschlossenen Widerstand der grünen Front. «Jeder Aufstieg eines Fremden wird zu verhindern versucht», steht in einer Dissertation über die Lage in der Probstei, einem stillen Landstrich bei Kiel, der nun überlaufen ist von Pommern und Ostpreußen:

«Die Haltung der Fiefbergener Bauern bei der Verpachtung der Dorfschmiede, die schließlich dazu zwang, den Vertrag rückgängig zu machen, ist hierfür bezeichnend. Unter dem Zwang dieser Einstellung der einheimischen Bewohner sah sich auch der Schneider genötigt, seinen Betrieb stillzulegen.» Ein ostpreußischer Flüchtling spannt nach einer Weile seine Pferde wieder an und treckt lieber zurück, gen Osten.

Behördlicher Beistand ist Glücksache. In Hessen weist das Justizministerium die Staatsanwaltschaften an, bei Tätlichkeiten und böswilligen Schikanen gegen Flüchtlinge das öffentliche Interesse zu bejahen und Offizialklage zu erheben. Und in der Zeit vom April 1947 bis Mitte 1949 wird vor den Gerichten des Landes allein in Wohnungsangelegenheiten 1 432 mal verhandelt. Im übrigen aber, so räumt die von Bonn gestützte Chronik ein, findet «mißgünstige Einstellung gegenüber Vertriebenen anfänglich selbst in Länderverwaltungen höherer Stufen öffentlichen Ausdruck (z.B. als Verbot von Landkauf oder -pacht für Flüchtlinge durch das Oberpräsidium von Hannover)».

Und auf der untersten Stufe sind die Ausdrücke nicht schöner. Zu den Einsatzmitteln, notiert Professor Karasek, «gehören die sehr bald auftauchenden, örtlich vielfach wechselnden Spitz- und Schimpfnamen, beißende Spottverse, Spottliedchen. Es kommt zu Katzenmusik bei Eheschließungen von Angehörigen beider Bevölkerungsteile, vereinzelt sogar zum schweren Streit um das Recht auf die Kirchenbank und zur Friedhofsverweigerung.»

Mitleid hat nur in der ersten Zeit Spott und Schimpf unterdrückt. Aber dann, als allen dämmert, daß diese Invasion aus dem Osten wohl doch kein vorübergehender Zugriff sein wird, kehrt sich jählings die Stimmung gegen die Eindringlinge, die, weil sie es so aussprechen, hämisch «Flichtlinge» genannt werden. «Alle Plätze sind besetzt», beschreibt die Soziologin Elisabeth Pfeil das gesellschaftliche Klima, «eine übersetzte Welt ist eine feindselige Welt. ‹Man friert bis in die Seele hinein, wenn man den kalten Blicken begegnet›, äußert ein Flüchtling.»

Was war passiert mit den Deutschen? Gerade noch hatten sie an den Fronten des Krieges und unter dem Bombenhagel in der Heimat einen Gemeinsinn vorgezeigt, über den man außerhalb nur staunen konnte. Sie hatten, auch ohne Führerbefehl, in der Not zusammengestanden, und jetzt zankte sich da anscheinend ein Volk von Egoisten.

Lag es vielleicht nicht nur an den Einheimischen, sondern auch an der fordernden Haltung jenes Vertriebenentyps, der, «sobald er aus dem Gast zum Hausgenossen geworden ist, anfängt, sich gehen zu lassen, unverschämte Zumutungen zu stellen, ungebetene Ratschläge zu erteilen» (Elisabeth Pfeil)? Schließlich gab es, neben den Feindseligkeiten, ungezählte Fälle von Hilfsbereitschaft oder wenigstens Verständnis für das Los der Flüchtlinge, privatim wie in den Verwaltungen. Aber die Grundstimmung war ablehnend, mißtrauisch und machte deutlich: Was hier über die Leute gekommen war, ließ sich mit den herkömmlichen Lebensregeln nicht mehr ins Reine bringen, auch nicht mit denen für Krisenfälle.

Leicht zu begreifen war nur das schiere Elend der vertriebenen Millionen, danach wurde es kompliziert. Krieg samt Luftkrieg waren glücklich überstanden und nun ging es ans Teilen: «Jedes Haus steht dem Zugriff offen», schrieb die Forscherin Pfeil, «man findet das fast schon selbstverständlich, muß sich aber doch einmal klarmachen, wie ungeheuerlich die Belegung der Häuser und Wohnungen mit fremden Familien im Sinn bürgerlichen Rechtsempfindens ist.» Wohl wahr, doch das Geschehen überstieg nicht nur die bürgerlichen Kategorien. Die Flüchtlingsflut von zwölf Millionen Menschen, soviel wie die Bevölkerung von Schweden und Norwegen, erschlug jede Vorstellung.

«Keine Völkerwanderung früherer, dunkler, ‹barbarischer› Zeiten», schrieb die Zürcher *Tat* zur deutschen Vertreibung, «ja, sie alle zusammen nicht, erreichen das ungeheure Ausmaß der modernen Zwangswanderungen, deren ohnmächtige und empörte Zeugen wir in unserem erleuchteten Jahrhundert sein müssen.» Und diese Masse überzog ein Restdeutschland, das nichts mehr anzubieten hatte. «Damals sah es in Deutschland erstaunlich aus», schrieb der britische Hochkommissar Sir Ivon Kirkpatrick, «alles, was der moderne Mensch in einer zivilisierten Gesellschaft als lebensnotwendig betrachtet, war verschwunden.»

Wohnungen, Arbeitsstätten und Verkehrsanlagen waren weithin zerstört oder beschädigt; die Verwaltungen, sonst nicht kleinzukriegen, lagen darnieder; Gebrauchsgüter waren nicht zu haben; was an Kleidung, Heizmaterial und Lebensmitteln zur Verfügung stand, reichte schon nicht für das Gros der Einheimischen. Und in dieses Land strömten jetzt nicht nur die Flüchtlingsmillionen. Zugleich zogen hunderttausende entlassener Soldaten und wegen des Luftkriegs evakuierter Bürger umher, die auf der Suche nach Angehörigen oder nach einem neuen Standort waren. Erst nach Jahren hatte diese Bewegung ein Ende, und zwischendurch schien den Deutschen die Luft auszugehen: «Wir sind uns selbst zuviel», japste Rudolf Krämer-Badoni.

Eigentümlich war an dieser Zwangswanderung auch, daß nicht nur bestimmte Bevölkerungsgruppen oder soziale Schichten einen Platz suchten, sondern ein Volk mit allem Drum und Dran. Und eine komplette Kultur zog mit aus den Landen der Kant und Stifter, des Gerhart Hauptmann und des Gustav Mahler. Zerrissen mußte diese Einheit nur den Flüchtlingen vorkommen.

Für die waren gleichsam über Nacht alle denkbaren Zusammenhänge verlorengegangen – die Familie und die Nachbarschaft, die Arbeitswelt wie der Freundeskreis, die kirchliche Gemeinde und die Schulgemeinschaft, der Arzt wie der Kaufmann. «Eine der vielen und vielleicht schwerwiegendsten Folgen der Vertreibung», schrieb Alfred Karasek-Langer, «ist die historisch in solchem Maße erstmalig aufscheinende Durcheinanderwürfelung des deutschen Volkes. Sie gerät jählings in den Zustand einer raumweiten Streuung außerhalb der gewohnten Lebensbereiche.»

Den neuen Lebensbereich konnten sie sich nicht aussuchen, und wo immer es sein mochte: Sie waren dort überflüssig: «Wo ich nutze, da ist mein Vaterland», sagt leichthin der Auswanderer im «Wilhelm Meister», aber diese hier waren zu gar nichts nutze – sie nahmen den anderen noch vom Restlichen. Und so entstand eine brisante Mischung, die von Wissenschaftlern des Kieler Instituts für Weltwirtschaft mit Sorge betrachtet wurde: Die «Proletarisierung von Millionen Menschen, die nicht nur Heim und Heimat verloren haben», so hieß es in einer Studie, und die zusätzliche Belastung der Einheimischen ließen «der Entfaltung eines gesunden politischen Lebens wenig Spielraum» und trügen «die Möglichkeit einer weitgehenden Radikalisierung der Politik und Wirtschaft Restdeutschlands in sich».

Als sie ankamen, hatten sie eigentlich alles hinter sich, Hunger und Kälte, Raub oder Vergewaltigung, und das weitere mußte nun besser sein. Aber es war schlimm genug. «Bis zu 80 Menschen», so beschrieb ein Lübecker Zeitgenosse die Einfahrt in Schleswig-Holstein, «waren mit ihrer letzten Habe in einem ungeheizten Güterwagen zusammengepfercht. Vor allem die Kinder mußten auf diesen Transporten furchtbar leiden.» Wer nicht schon im Treck oder mit dem Schiff nach Westen gezogen war, traf jetzt als Stückgut ein. In Bayern wurden sie hinter der Grenze ausgeladen und mit DDT bestäubt, damals ein Allheilmittel, das Seuchen verhindern und vor allem den Läusen den Zuzug verwehren sollte. Fast jeder Transport brachte Tote mit, aber die Familie mußte immer gleich weiter.

Es war Winter, doch viele kamen in dünnen Kleidern oder Anzügen, manche ohne Schuhe. «Die Mehrzahl», so notierten die Mitarbeiter des Kieler Weltwirtschaftsinstituts, «ist durch die oft monatelangen Strapazen körperlich verfallen und seelisch zerrüttet. Die meisten Flüchtlinge besitzen weiter nichts als das, was sie am Leib tragen.»

Niemand im Westen wußte genau, wann sie kamen und womit, und wieviele es wieder waren. Versuche, das heranrollende Volk wenigstens grob zu sortieren, nach Beruf oder Bekenntnis, scheiterten am allgemeinen Durcheinander und an der Menge. «Die Flüchtlinge vermehren sich wie die

Kartoffelkäfer», sagte der Pfarrer im niedersächsischen Wunstorf zu einem Ostpreußen, der sich so wohl noch nicht betrachtet hatte.

In Bayern trafen zeitweise täglich 8 000 Menschen ein, jeden Tag eine kleine Stadt; die Hessen zählten in einem Monat 67 000, dann wieder 76 000 neue Bürger. «Zu Tode erschöpft, halb verhungert und unterwegs bis aufs letzte ausgeraubt», schrieb der Rat der Evangelischen Kirche in Deutschland an den Alliierten Kontrollrat, «kommen die unglücklichen Opfer der Ausweisungen in Deutschland an und finden hier oft nirgends ein menschenwürdiges Unterkommen.» Und die erste Unterkunft war für viele denn auch das Lager.

Tausende dieser Massenquartiere, meist Barackensiedlungen aus der Kriegszeit oder Kasernen, waren vollgepfropft mit Vertriebenen. Sie waren als Durchgangsstationen gedacht, als Übergangslösung, doch für Hunderttausende war der Übergang auch nach einem Jahrzehnt noch nicht beendet. Wer Glück hatte, bekam ein Bett, wenigstens einen Strohsack. Die meisten aber lagen, zumindest in der ersten Zeit, auf dem Boden, «buchstäblich wie das liebe Vieh auf Mänteln und sonstigen Sachen, die sie sich zusammengeklaubt haben, dichtgedrängt» – so damals der schleswig-holsteinische Minister für Volkswohlfahrt und soziale Angelegenheiten.

Ein Fetzen Sackleinwand oder Packpapier markierten die Trennlinie zum Nachbarn, oft war es auch nur ein Kreidestrich oder eine Ziegelsteinreihe, die kundtaten: Dies ist unsere Wohnung, ganz in Gedanken. «Es gibt kein frisches Tuch, alles ist angelaufen, grau und gräulich, muffig», schilderte der sudetendeutsche Professor und Flüchtlingshelfer Martin Kornrumpf das Milieu, «auf einer Kiste steht der Küchenrat, oben schläft eine kranke Greisin, unten liegt ein Kind bleich in den unbezogenen Kissen. Auf kleinstem Platz wird gearbeitet, gegessen, geschlafen, gelitten und wohl auch geliebt.» Und dann erhält Banales sein Gewicht:«Ich vergesse jene Frau nicht, die von ihrer einzigen und sie ausfüllenden Sehnsucht sprach:‹Ach, einmal am Morgen sich wieder allein kämmen können›.»

Selbst den Besatzern, die das alles gern den Deutschen überließen, waren die Verhältnisse nicht geheuer. In Bayern setzte die amerikanische Militärregierung ihre «Intelligence Division» darauf an, und deren Kundschafter entdeckten dann zum Beispiel im Nürnberger Lager Witschelstraße «ein verheiratetes Paar von 75 und 70 Jahren in einem fünf Quadratmeter großen Raum, in dem ein zweistöckiges Bett, ein kleiner Tisch und ein Ofen stehen. Da der Mann teilweise gelähmt ist, muß die Frau jeden Tag in das obere Bett klettern. Wegen ihres Alters stürzt sie dabei oft.»

Kein Platz, der nicht gut genug sein mußte. Vertriebene lebten in Tanzsälen und Turnhallen, in lichtlosen Bunkern und beinkalten Schafställen. Erdhöhlen wurden gegraben, und eine neue Architektur trat zutage, das Einraumhaus aus Trümmerschutt oder Wellblech. Die meisten jedoch kamen in privaten Wohnraum, und wenn es sein mußte, mit Gewalt.

Es läßt sich denken, wie diese Quartiere manchmal beschaffen waren und das nicht nur aus lauter Bosheit: 4,3 Millionen Wohnungen fehlten in Westdeutschland, und weitere Millionen waren durch Bomben oder Granaten stark beschädigt. Bürgersleute öffneten die Dachkammern und Hinterzimmer; Bauern boten Ecken und Winkel an, in die kein Knecht gezogen wäre, und neue Knechte konnten sie nicht einstellen, weil in deren Stuben auch schon die Vertriebenen saßen. Ganz ähnlich erging es den Gastwirten, die nun nur noch ungebetene Gäste hatten.

«So kommt es», wie lapidar eine Sozialstudie aus dem Kreise Lüdinghausen bei Dortmund vermerkte, «daß eine Frau mit kleinen Kindern in einem nur mit der Leiter zu erreichenden Stall wohnt; daß Familien mit neun Personen in einem Raum untergebracht sind.» Und so kam es auch vor, daß dann, wenn Flüchtlingen wirklich mal von Amts wegen ein Bett zugeteilt wurde, die zwei Quadratmeter fürs Aufstellen gar nicht mehr da waren.

Die Deutschen hatten, wie eine Kommission des «Hohen Päpstlichen Protektors für das Flüchtlingswesen» bemerkte, «eine Aufgabe zu bewältigen, für die es in der bisherigen Weltgeschichte kein Beispiel gibt». Denn «noch niemals sind derartige Menschenmassen in einem solchen Umfang und in solch kürzester Frist aus ihren Wohnsitzen vertrieben und existenzlos gemacht worden». In kürzester Frist hätten die Massen mit dem Notwendigsten versorgt werden müssen, mit Kleidung und Hausrat, mit Betten und vor allem mit Lebensmitteln.

Die wenigsten hatten es so getroffen wie Ernst Braun, 60, Diplomlandwirt und nun Frühpensionär in der Probstei. Er hatte damals, mit 20, an der Ostfront im Sturmgeschütz gesessen und war schließlich schwer verwundet und verbrannt mit dem Lazarettschiff nach Schleswig-Holstein gekommen. Sein Vater hatte den Treck vom 130-Hektar-Hof im ostpreußischen Ermland in die gleiche Gegend geführt. Nun hauste die Familie zwar bei einem Bauern auf dem Dachboden, aber auf dem Panjewagen war doch einiges mitgekommen. Selbst die Teppiche ließen sich noch als Raumaufteiler verwenden, und die Kleidung reichte erst einmal hin – weil zwei Söhne, für die vorsorglich etwas aufgeladen worden war, aus dem Krieg nicht zurückkamen: «Es ging uns dreckig, aber was sollten da andere sagen.»

Vor allem waren da die acht Pferde aus eigener Zucht, die jetzt Spanndienste leisteten, und mit denen sie Feuerholz aus dem Wald holten. Geld spielte keine Rolle, und wenn sie etwas brauchten von dem ziemlich wertlosen Papier, dann klaubten sie sich ein paar Scheine von den 20 000 Reichsmark, die im Koffer auf dem Dachboden lagen. Hofherr Braun arbeitete als Landarbeiter und bekam dafür Essen sowie täglich anderthalb Liter Milch – paradiesische Zustände. Wie es für die meisten aussah, schilderten die Kieler Weltwirtschaftler in ihrer Studie: «Die Behebung auch nur des dringendsten Notstands durch irgendwelche Neuanschaffungen ist völlig aussichtslos, da die Läger der Fabriken und Geschäfte vollkommen erschöpft sind. Die

Ausgabe von Bezugsscheinen erübrigt sich deshalb in den meisten Fällen, weil ihre Einlösung unmöglich ist.»

Für die Vertriebenen in Bayern, so ergab eine regionale Untersuchung, standen nur 16 Prozent des Bedarfs an Männerkleidung und Wäsche zur Verfügung, 5,5 Prozent an Frauen- und Kinderkleidung, 13 Prozent an Schuhen und fünf Prozent an Öfen. Textilspenden waren von den Westdeutschen, die ja selber ihre Versorgungskrise hatten, nicht zu erwarten: Kleider- und Spinnstoffsammlungen im Kriege hatten Entbehrliches aus den Schränken geholt. «Vorläufig beschlagnahmen» ließen sich meist nur Möbel und Hausrat, und an Lebensmitteln konnte bei den Einheimischen, die zumindest in den Städten auch auf Hungerration gesetzt waren, schon gar nichts abgezweigt werden.

Für geschlossene Flüchtlingstransporte war zum Beispiel 1946 durch die bayrische Lagerverwaltung ein täglicher Verpflegungssatz von 1 276,45 Kalorien pro Erwachsenem festgelegt worden. Für die in Deutschland lebenden «Displaced Persons», kurz DP's genannt und überwiegend ehemalige Fremdarbeiter, hatte die UN-Hilfsorganisation «Unrra» eine Mindestration von 2 650 Kalorien bestimmt. Deutsche waren von der Unrra-Unterstützung ausgeschlossen, hatten aber ihrerseits die Nährmittel für die DP's bereitzustellen.

Selbst bei den öffentlichen Geldern, mit denen ohnehin wenig zu holen war, mußte geknausert werden. Die schleswig-holsteinischen Gemeinden Aumühle und Wohltorf etwa zahlten dem bedürftigen Haushaltungsvorstand einer Vertriebenenfamilie monatlich 26 Reichsmark, Kindern über sechzehn ganze 19,50 Reichsmark, und dafür war nicht mal das bißchen zu bezahlen, das auf der Lebensmittelkarte stand. Wer so alt oder so krank war, daß er Feuerholz nicht selbst beschaffen konnte, bekam auf Antrag sechs Mark Unterstützung. Doch allein die zwei Raummeter Holz, die einer Vertriebenenfamilie höchstens zugewiesen wurden, kosteten 20 Mark, mit Anfahrt leicht das Doppelte.

Vielleicht wäre alles etwas leichter gewesen, wenn die

Not gleichmäßig verteilt worden wäre. Aber die Fügung des Schicksals und der Alliierten hatte, als sei die Lage nicht schon ernst genug, Ballungsräume für Vertriebene geschaffen. Nordrhein-Westfalen etwa, wo das Ruhrgebiet besonders stark unter den Bomben gelitten hatte und es mehr noch als anderswo an Wohnraum fehlte, blieb von dem Menschenstrom weitgehend verschont. Die französischen Besatzer ließen in ihre südwestdeutsche Zone überhaupt keine Vertriebenen herein. Denen war rechtzeitig eingefallen, daß sie ja an der Potsdamer Konferenz nicht teilgenommen und deshalb mit diesen Ausweisungsbeschlüssen gar nichts zu tun hatten.

In Niedersachsen jedoch bestand auf einmal ein Drittel der gesamten Bevölkerung aus Flüchtlingen. Noch weit höher lag der Zuwachs in Bayern und Schleswig-Holstein. Allein in diesen drei Ländern lebte die Masse aller Vertriebenen: 1,9 Millionen in Bayern, 1,5 Millionen in Niedersachsen, 1,1 Million in Schleswig-Holstein. Und in manchen Gemeinden dort waren die Einheimischen plötzlich eine Minderheit; in Niedersachsen etwa gab es 159 Orte, in denen es mehr Vertriebene gab als Eingesessene.

Die größte Last war, gemessen an Landesgröße und Bevölkerungsdichte, auf Schleswig-Holstein gekommen. Die Einwohnerzahl kletterte binnen weniger Monate um 70 Prozent, vor allem durch Ostpreußen und Pommern, von denen allein 900 000 über die Ostsee gekommen waren. Das Volk zwischen den Meeren mußte noch enger zusammenrücken, denn bis dahin hatten schon massenhaft Evakuierte aus dem bombengeschädigten Hamburg dort Zuflucht gefunden.

Und das war noch gar nichts gegen das Gedränge, mit dem die Dörfer der reetgedeckten Nordregion nun zu tun hatten. Der Bevölkerungszuwachs lag im Durchschnitt bei 94 Prozent – nichts anderes, als würde heutzutage in die Millionenstadt Köln binnen kurzem noch einmal eine Million einfallen. Die Idee alliierter wie deutscher Verwalter, auf dem Lande sei noch am ehesten Platz für die Vertriebenenmengen, sorgte weithin für eine abnorme Belastung der dörflichen Gemeinden und kleineren Städte.

Von den Vertriebenen in Bayern – zum erheblichen Teil Sudetendeutsche und mit 1,9 Millionen die größte Quote überhaupt – lebten 1,3 Millionen in Ortschaften mit weniger als 4000 Einwohnern. In der Gemeinde Holzhausen am Starnberger See beispielsweise war vor den Preußen kein Entkommen mehr: Den 561 Ureinwohnern standen 516 Vertriebene und dazu noch 308 Evakuierte aus den zerbombten Großstädten gegenüber.

Über viele Jahre lahmgelegt blieb der bayrische Fremdenverkehr, auch dann noch, als es schon wieder Urlauber gab. In den Fremdenzimmern schliefen Schlesier oder Sudetendeutsche, und im Alpen- und Alpenvorland waren nur noch 68 Prozent der Einwohner auch Altbürger; die Zugereisten, mit denen man einzeln ja noch fertig geworden wäre, gingen in die Hunderttausende. Und oben im Norden, in der Probstei zum Beispiel, sah es nicht besser aus. Auch dort waren die Gasthäuser nahe der Ostseeküste samt und sonders mit Flüchtlingen belegt, und etliche Häuser wurden die Zwangsgäste erst 1955 los.

Im Dorf ·Fiefbergen, wo sie den Schmied und den Schneider vergrault hatten, besaßen die Vertriebenen die absolute Mehrheit; die Holsteiner, die sowieso schon ihre Probleme hatten mit allem Fremden, waren nur noch 49,4 Prozent. Daß sie nicht besonders sorgsam mit den Ankömmlingen umgingen, räumen sie auch heute noch ein. «Die waren geduldet, nicht akzeptiert», sagt einer in der Runde, die beim Bürgermeister Armin Stoltenberg über die alte Zeit redet. Wenigstens bekam jeder Flüchtling ein Stück «Schulland», so benannt nach dem Gärtchen, das früher dem Lehrer von der Gemeinde zugewiesen wurde. Sehr zügig wurden auch «Kochhexen» beschafft, kleine Herde der Kriegsproduktion, denn das hielt die Fremdlinge aus der eigenen Küche heraus.

Nur wenige tausend Vertriebene waren des unmittelbaren Umgangs mit den Eingesessenen enthoben; die Bürger von Flüchtlingssiedlungen zum Beispiel. Die meisten davon gab es in Bayern, wie etwa Waldkraiburg im Inntal, dessen Grundrisse der Architekt und spätere Bürgermeister Hubert Rösler auf einer alten Tür entwarf.

Damals standen dort nur ein paar hundert Bunker und Versorgungsanlagen, ehedem Besitz der reichseigenen «Montanindustrie GmbH», die in dem abgelegenen Waldstück Munition herstellte. 65 der rund 300 Gebäude hatte die alliierte «Property Control» schon sprengen lassen, als die ersten Sudetendeutschen auftauchten. Es waren Musikinstrumentenmacher aus Graslitz am Erzgebirge, wo es bereits 1771 drei Trompetenmacher gegeben hatte und deren Produkte schon lange Weltruf genossen. Und mit ihnen kamen Gewerbetreibende aller Art, Glasveredler und Handschuhmacher oder Schmuckhersteller.

Die Amerikaner setzten ein Ultimatum: Binnen weniger Tage müßten die dickleibigen Munitionsbunker von der Tarnung befreit werden, einer Erdschicht samt Bäumen und Sträuchern, sonst werde weitergesprengt. Die Flüchtlinge packten es in Tag- und Nachtschicht und richteten sich mit dem, was so herumlag, Werkstätten ein. Und die Instrumentenmacher, die sich im Oktober 1946 zur Genossenschaft «Miraphone» zusammenschlossen und einen einheitlichen Stundenlohn von einer Reichsmark festsetzten, fertigten die ersten Stücke aus Konservendosen.

Daß die Besatzer sich in Waldkraiburg so nachdrücklich einmischten, hing wohl mit der brisanten Vergangenheit dieser Anlage zusammen. Im übrigen hielten sie sich, ob englisch oder amerikanisch, aus der Vertriebenenfrage weitgehend heraus: Denen stand das Desaster, an dem sie seit Potsdam ihren Anteil hatten, vor Augen, und es war ihnen nicht wohl dabei. Das Organisatorische wurde gern den Deutschen überlassen, und nur, wenn etwa die «Intelligence Division» wieder einmal unhaltbare Zustände ausgemacht hatte, gab es Interventionen.

Natürlich war den alliierten Kontrolleuren bewußt, daß sie mit den zwölf Millionen Flüchtlingen auch ein politisches

Risiko ins befreite Land gelassen hatten. Angst vor sozialer Unruhe und Radikalisierung der entrechteten Massen besorgten ein striktes Koalitionsverbot für die Heimatvertriebenen. 1947 wurden Zusammenschlüsse auf Kreisebene erlaubt, aber nur zum Zwecke gegenseitiger Hilfe. Und erst mit der Gründung der Bundesrepublik kam die Erlaubnis zu parteipolitischer Betätigung.

Die Amerikaner erließen 1946 vorsichtshalber eine Sonderverordnung für die deutschen Medien, wonach es vermieden werden sollte, das Vertriebenenproblem auch nur als eine politische Frage zu erörtern. Überhaupt sei die Bezeichnung «Vertriebene» möglichst zu unterlassen und durch «Ausgewiesene» zu ersetzen. Die Presse solle darauf hinwirken, daß unter den Flüchtlingen der «Wille zur Assimilation» entwickelt werde und nicht etwa der Wille zur Rückkehr.

Es gab dann allerdings Deutsche, bei denen die Demokratie schon richtig angeschlagen hatte. Als zum Beispiel im gleichen Jahr eine erste Vertreibungsdokumentation zusammengestellt wurde, verzichtete die *Süddeutsche Zeitung* zwar auf den Abdruck, aber Chefredakteur Werner Friedmann schrieb: «Wir wollen wünschen, daß die Berichte dieser Flüchtlinge in all ihren erschütternden Einzelheiten den Besatzungsmächten nicht vorenthalten bleiben. Es kann nicht ihr Wille sein, daß man es Frauen, Greise und Kinder so furchtbar entgelten läßt, was ein Verbrecherregime verschuldet hat.» Die Strafe folgte auf dem Fuße.

Nach einem tschechischen Protest gegen diesen Beitrag erteilte die Militärregierung den Lizenzträgern des Blattes einen Verweis und ließ auf die Dauer von 30 Tagen die Seitenzahl von acht auf vier reduzieren. Und: «Weitere Verstöße gegen bestehende Anweisungen werden das Verbot der *Süddeutschen Zeitung* oder den Entzug der Lizenz zur Folge haben.»

Die amerikanische Presse, keiner Zensur unterworfen, nahm das Vertriebenenproblem und auch das Unmenschliche daran frühzeitig wahr, handelte es aber zumeist in der

Stimmung ab, die die Nazis und die deutsche Kriegsmaschinerie in aller Welt hinterlassen hatte. «Katzenjammer nach Hitler: Das Leben in einem deutschen Flüchtlingslager», hieß eine Überschrift in der *New York Herald Tribune*.

Zu den Ausnahmen gehörte die *New York Times*. Sie druckte schon im August 1945 einen Leserbrief, in dem die «größte Massenwanderung in der Geschichte der Menschheit» heftig verurteilt wurde, und brachte ein Jahr darauf einen Bericht von Anne O'Hare McCormick: «Der Umfang dieser Umsiedlung und die Umstände, unter denen sie erfolgt, sind ohne Beispiel in der Geschichte der Menschheit. Niemand, der diese Schrecknisse selbst gesehen hat, kann daran zweifeln, daß es sich hier um ein Verbrechen gegen die Menschlichkeit handelt, für das die Geschichte eine fürchterliche Vergeltung fordern wird.»

In England berichteten die Londoner *Times* und der *Manchester Guardian* von Anfang an über das deutsche Flüchtlingsdrama. Dezember 1952, als das Gröbste schon erledigt war, forderte der über den Verdacht der Deutschfreundlichkeit erhabene *Daily Telegraph* seine Leser auf, zu Weihnachten der deutschen Heimatvertriebenen in der Bundesrepublik zu gedenken, und bekundete Respekt: «Die meisten Länder wären unter der Last der Aufgabe, die sich infolge des Flüchtlingszustroms stellte, sicherlich zusammengebrochen.»

Daß die *Neue Zürcher Zeitung* sich noch im fünften Nachkriegsjahr nicht nur «erschüttert über das namenlose Elend» zeigte, sondern auch «erschüttert über die Tatsache, daß diese Not im Auslande noch gar nicht realisiert wird», traf in erster Linie die politischen Instanzen; auf der Wohlfahrtsebene und im kirchlichen Umfeld war das Elend erkannt.

The Christian Century etwa, eine große protestantische Wochenschrift in den USA, hatte bereits im November 1945 tätige Hilfe gefordert und zum Protest gegen die Ignoranz der Staatsmänner aufgerufen. Sämtliche amerikanischen Wohlfahrtsverbände erbaten daraufhin von ihren Mittelsleuten in Deutschland genaue Berichterstattung, und das niederschmetternde Ergebnis war Anlaß für einen Appell an den US-Präsidenten Truman, der von 30 Senatoren unterstützt wurde.

«Lange bevor eine deutsche Verwaltung der Not wirksam begegnen konnte», schrieb der Bonner Ministerialdirigent Werner Middelmann in der Chronik über die Vertriebenen, waren «Hilfsaktionen von seiten des Auslands» in Gang gekommen. Sie wurden in großem Maßstab von amerikanischen Gruppen betrieben, und die bekannteste Liebesgabe war das Care-Paket, zu Millionen auf den Weg gegeben von der «Cooperative for American remitances for Europe». Karitative Einrichtungen aus vielen Ländern beteiligten sich mit Spenden für die Deutschen, und obschon sie zumeist für alle Bedürftigen gedacht waren, fielen doch, wie die Fachleute schätzten, an die 85 Prozent nur für die Vertriebenen ab.

Für deutsche Begriffe etwas ungewohnt waren Zuwendungen wie die eines amerikanischen Hilfswerks zu Gunsten vertriebener Bauern: 3600 Milchkühe, leibhaftig. Und es gab Einzelleistungen, von denen manche in jener Nachkriegswirrnis gar nicht besonders notiert wurde. Da war der in den USA wohlhabend gewordene Donauschwabe Johann Bruecker, der sich in Südwestdeutschland die Lebensumstände seiner vertriebenen Landsleute ansah und ihnen dann eine Wohnsiedlung baute. Oder die erblindete schwedische Malerin Gerda Hoeglund, die das letzte Werk, das sie vor dem Verlust ihres Augenlichts geschaffen hatte, der Kirchengemeinde des Flüchtlingslagers «Grüner Jäger» bei Hamburg zum Geschenk machte.

Auch in Ländern, die die Deutschen gerade noch aus nächster Nähe kennengelernt hatten, regte sich Mitgefühl. Hollands Königin Juliane forderte den US-Präsidenten auf, den deutschen Flüchtlingen zu helfen. Und als in Norwegen, wo zu jener Zeit über Deutschland kein gutes Wort geredet wurde, die Frauenzeitschrift «Alle Kvinners Blad» ihre Leserinnen zu einer Wollspende aufrief, kam die Unmenge von 15 Tonnen Strickwolle zusammen, die den Vertriebenen im Lager Loccum übergeben wurde.

Mit erheblichem Aufwand bemühten sich kirchliche Organisationen um Beistand für die Flüchtlinge. Quäker und Methodisten und natürlich Katholiken wie Lutheraner organisierten Bekleidung oder Lebensmittel. Der schwedische Pfarrer Birger Forell führte einen langen Kleinkrieg gegen die alliierte Administration, bevor mit Hilfe von Kirche und Staat aus der ehemaligen Munitionsanstalt Espelkamp in Niedersachsen die erste deutsche Flüchtlingsstadt wurde – und die erste neugegründete deutsche Stadt seit dem 18. Jahrhundert.

Überaus populär machte sich die katholische Ostpriesterhilfe, die nicht nur vertriebenen Priestern Gutes tat, sondern auch deren Schäfchen. An der Spitze stand der belgische Prämonstratenser-Pater Werenfried van Straaten, der jeden um Spenden anging und mitunter mit unkonventionellen Mitteln. «Speckpater» hieß er, seit er belgischen Bäuerinnen 50 000 Kilogramm Speck aus der Vorratskammer geschwatzt hatte.

Aus dem Ausland kam auch das meiste, was deutsche Organisationen wie das Evangelische Hilfswerk oder die katholische Caritas an die Vertriebenen verteilten. Die Katholiken setzten 9 000 Ordensfrauen, die aus dem Osten vertrieben worden waren, umgehend für die Flüchtlingshilfe ein, und mitunter beschritten Seelenhirten sehr weltliche Wege.

Als amerikanische Besatzer im Frankenland einen Flüchtlingsfunktionär aufforderten, die Kleidungsstücke wieder einzusammeln, die Bewohner umliegender Dörfer aus einem ehemaligen Lager des Reichsarbeitsdienstes hatten mitgehen lassen, war das Ergebnis zunächst recht mager. Erst, als sich der Beauftragte auch mal in der katholischen Kirche umsah, hatte er Erfolg. Unter einem Betstuhl, bedeckt mit einem Teppich, lagen größere Mengen Hemden, Unterwäsche, Bettzeug, Handtücher, Pullover und Fausthandschuhe.

Not lehrte also nicht nur beten, und wie der fränkische Gottesmann war manch anderer unversehens in ein neues kirchliches Zeitalter geraten. Die Vertreibung hatte die seit Jahrhunderten festgefügten konfessionellen Grenzen allerwärts aufgelöst. Zum erstenmal seit der Reformation kamen Gruppen verschiedener Bekenntnisse in unmittelbaren Kontakt, was nicht immer erfreulich ausging.

1,6 Millionen Katholiken zogen in überwiegend evangelische, 1,4 Millionen Protestanten in überwiegend katholische Gebiete. In München gab es plötzlich 200 000 Evangelische, und landesweit waren die Diasporas kaum noch zu überblicken. «So wurde Deutschland urplötzlich ein Missionsland», schrieb der katholische Theologieprofessor Adolf Kindermann, und die Missionare ließen sich etwas einfallen.

In Gottesdienst gestellt wurden sogenannte Kapellenwagen – schwere Sattelschlepper mit einem seitlich eingebauten Altar und mit allem, was zur Messe gehört, dazu mit einem Abteil für drei bis vier Tonnen Liebesgaben sowie Schlaf- und Wohnraum für die fahrenden Priester. Die ersten Kapellenwagen wurden von den Holländern spendiert, und schließlich zockelten 28 dieser Gefährte über die Dörfer und Kleingemeinden und versorgten dort die verstreuten Gläubigen.

Der fromme Eifer kehrte sich dann und wann allerdings auch gegen die Christen von der anderen Seite. Zwar war es allgemein üblich, das eigene Gotteshaus Vertriebenen der falschen Konfession zur Verfügung zu stellen, doch «sehr viele Flüchtlinge», so ein Protokoll der amerikanischen Militärregierung, «bestreiten jegliche interkonfessionelle Neutralität in der geistlichen und sozialen Arbeit. Einige sagen: ‹Die protestantischen Pastoren machen keinen Unterschied, aber die katholischen machen sehr wohl einen.› Die Klagen über die Intoleranz katholischer Priester sind Legion, während Protestanten oft geschätzt werden wegen ihrer Unparteilichkeit.» Doch die Evangelen konnten es auch.

Die geplante Fronleichnamsprozession der katholischen Vertriebenen in einer norddeutschen Kleinstadt zum Beispiel scheiterte 1946 am Widerstand der protestantischen Bevölkerung. Ein Jahr später durften die Katholiken immerhin durch Nebenstraßen prozessieren, aber von diesem schweren Gang sollte möglichst niemand erfahren: Die lokale Presse lehnte es ab, über das Ereignis zu berichten.

Schwierig waren die deutsch-deutschen Beziehungen stets dann, wenn es am Glauben ganz und gar fehlte. Hildegard Sattler beispielsweise, jetzt Stadtverordnete der SPD in der Vertriebenenkommune Waldkraiburg, war 1946 mit einem sogenannten Antifa-Zug aus dem sudetischen Graslitz an den Inn gekommen – Waggons mit Sozialdemokraten, die das Nazireich überstanden hatten und nun von den Tschechen bevorzugt ausgewiesen wurden: etwas früher als die anderen, mit etwas mehr Platz und Gepäck. Als diese Deutschen im bayrischen Westen eintrafen, wurde ihnen zunächst mitgeteilt: «Jetzt kommen die Kommunisten.»

Dennoch wollte die couragierte Hilde, die schon mit anderen Zeiten fertiggeworden war, auch vor den Bayern nicht beigeben und erklärte der Bäuerin, der sie zugewiesen wurde, sogleich, sie sei in überhaupt keiner Kirche, nicht mal in der verkehrten. «Die war fassungslos und wollte gar nicht glauben, daß es sowas gibt.» Der Fall wurde dann vertuscht, als sich herausstellte, daß Hildegard Sattler ordentlich zupacken und mithelfen konnte. Aber ein Nachbarbauer, erinnert sie sich, kannte für ihresgleichen kein Erbarmen: «Wenn du nicht in die Kirche gehst, brauchst auch keine Milch.»

Oft genug hatten die Rechtgläubigen mit sich selber zu tun. Katholiken aus dem Osten, so stellte sich nun heraus, brachten vom kirchlichen Leben ganz eigenwillige Vorstellungen mit in den Westen. «Der auf Tradition aus Barock und Aufklärung beruhende, josefinisch gefärbte Katholizismus der Sudentendeutschen», so beobachtete der vertriebene Pädagogik-Professor Eugen Lemberg, «erscheint den straff organisierten und vom Kulturkampf her militanten Katholiken des Bismarckreichs wie ein modernes Heidentum, wie Lauheit und Ketzerei.»

Zwischen den Katholiken von hüben und drüben, klagte brieflich ein Gemeindemitglied, gebe es «eine Fremdheit, die in seelische Tiefenschichten hineinreicht». Die Vertriebenen, so hieß es 1950 in einem anderen Bericht, wollten nun einmal ihren heimatlichen Gewohnheiten «mit unzähligen Seelenämtern, Prozessionen usw.» treu bleiben und am liebsten auch nur ihre Lieder singen: «Wer hat hier ältere Rechte? Wir haben die Fremden nicht gerufen.»

Christliche Botschaften dieser Art kamen sogar vom Kardinal Faulhaber in München. Der ermahnte die Flüchtlinge in einem Hirtenbrief, sich nicht so dreist der bayrischen Familien-Kirchenstühle zu bemächtigen. Wenn das nicht anders werde, müsse man besondere Gottesdienste für Vertriebene ins Auge fassen. Und den protestantischen Pfarrer Wolfram Hanow petzten, als er seine erste Pfarrstelle in der neuen Heimat übernommen hatte, die eigenen Gemeindemitglieder beim Oberkirchenrat an, weil er angeblich das lutherische Bekenntnis gefährde und dann auch noch das Heilige Abendmahl falsch ausgeteilt habe: «Das schlug dem Faß den Boden aus. Ich hatte noch keine Abendmahlsfeier gehalten.»

Entbehrlich waren solche Kirchenkämpfe schon deshalb, weil sich auch der Geistlichkeit durch die Vertriebenen eine Aufgabe stellte, die alles Gewohnte überbot. Nicht nur Mildtätigkeit war gefragt, sondern Seelsorge in des Wortes Sinne. «Es ist unmöglich», notierte 1947 in Aalen ein evangelischer Pastor über die Besuche bei Flüchtlingen, «in einem kurzen Bericht all die innere Not wiederzugeben, die einem entgegentritt, und manchmal ist sie auch für mich kaum tragbar. Man ist kaum drei Minuten in den Familien, dann fließen auch schon die Tränen.» Der Verlust der Heimat und des vertrauten Lebensraums, die feindselige Fremde und die bodenlose Ungewißheit drückten oft schwerer als aller äußere Mangel.

An etlichen Universitäten entstanden Dissertationen über eine ganz neuartige Flüchtlingsneurose. Sonderbar konstante Erschöpfungserscheinungen wurden bei den Betroffenen ausgemacht, manchmal totale Apathie, besonders bei älteren Leuten, die teilnahmslos in den Tag dämmerten. Bei Kindern traten gehäuft Sprachstörungen und übergroße Schreckhaftigkeit auf, und allgemein stellten die Doktoranden bei Vertriebenen eine außergewöhnliche Gereiztheit fest.

Adolf Hammerl, nun 70 und gut gestellter Pensionär in Waldkraiburg, verliert noch heute die freundliche Miene, wenn er an diese Jahre denkt. Von «Haus und Grund, mit etwas Kleinvieh dabei» hatten sie den Musikinstrumentenmacher aus Silberbach bei Graslitz verjagt, samt Frau und anderthalbjährigem Sohn. «Das damals», sagt der alte Mann nun und kriegt kleine Augen, «das war fürchterlich, fürchterlich.»

Großartig beschreiben kann das wohl keiner mehr. «Das war schon ein Gefühl», sagt der Diplom-Landwirt Ernst Braun in der Probstei: In Ostpreußen hatten sie einen Hof, der war weit größer als der, auf dem sie dann gelandet waren – «und da hockten wir auf dem Dachboden». Sein Vater war 55 und arbeitete jetzt als Landarbeiter auf einem Gehöft, dessen Bauer noch in der Gefangenschaft war. Und wenn der gestandene Landwirt der Bäurin mal einen Rat gab, kam es zurück: «Ich bin hier die Herrin.» Die Anrede «Herr» ließ sie bei dem Braun denn auch weg; das änderte sich erst, als Bekannte des Weges kamen und der Herrin Bescheid gaben: «Gegen das, was der hatte, ist Euer Hof hier eine Klitsche.»

Vor allem ältere Vertriebene, nicht nur ohne Mittel, sondern oft auch ohne Arbeit, fanden nur schwer wieder sicheren Grund. «Als Fremdkörper im festen Gefüge der einheimischen Gemeinschaft und bei der unterschiedlichen Lebenshaltung», schrieb 1951 eine Gemeindeschwester in Lüneburg über ihre Erfahrungen in Vertriebenenstuben, «haben sie in den wenigen Jahren noch keine wesentliche innere Fühlung zu ihrer Umgebung erhalten, so daß diese Menschen oft in großer Vereinsamung und seelischer Not vorgefunden werden.»

Für viele war die Familie das einzige Terrain, auf dem man sich sicher bewegen konnte. «Sie wird», notierte der Sozialforscher Helmut Schelsky, «als letzter Stabilitätsrest erlebt.» Es gebe Leute, so beschrieb die Flüchtlingsvertreterin Wirkner, 34, katholisch und aus Karlsbad, einem Besatzungsmitarbeiter die Stimmung, «die heute sogar in die kommunistische Tschechoslowakei gingen, viel lieber, als daß sie bei der hiesigen Bevölkerung blieben, die ihnen das Leben hier unerträglich macht».

Er glaube nicht, meinte der Metzgergehilfe Brückner aus Striegau in Schlesien, «daß meine Mutter, meine Frau und ich uns jemals hier werden einleben können. Dazu mußten wir viel zu viele Demütigungen einstecken.» Und die waren an der Tagesordnung.

Als die Mutter von Lothar Lamb – gebürtig aus Königsberg und jetzt Schulrat im holsteinischen Kreis Plön – bei einer Eingeborenen um einen Besen bat, kam die Antwort: «Kennt Ihr so etwas nicht bei euch?», und man kann sich vorstellen, wie Mutter Lamb nach Luft geschnappt hat. Ob «Zigeuner oder Flüchtlinge, das war alles gleich», erinnert sich der hochqualifizierte Techniker Adolf Hammerl und empört sich immer noch: «Wir waren doch in allem überlegen. Die Bauern hier liefen noch in Holzpantinen rum.» Und mit der Sauberkeit sei es bei den Inntal-Ökonomen auch nicht weit her gewesen.

Sprachschwierigkeiten komplizierten die Beziehungen obendrein, und vor allem auf dem Land verstanden die Vertriebenen lange Zeit kein Wort. Beim Plattdeutsch der holsteinischen Bauern konnten die Ostpreußen getrost weghören, und die Schlesier hatten ihre Last mit den Tonbrokken, die die Bayern herausbrachten. Die Kinder wuchsen zweisprachig auf, daheim mit dem Dialekt aus dem Osten, im übrigen mit dem neuen Idiom, und oft hatten sie zwischen den Erwachsenen Dolmetsch zu spielen.

Selbst unter den eigenen Leuten mußten sich die Vertriebenen fremd vorkommen. In den Dörfern und Kleinstädten lebten durchweg Familien, die sich vor der Flucht nicht gekannt hatten, häufig von verschiedener Bildung und sozialer Herkunft waren. Das Ziel der Treckgemeinschaften, beieinander zu bleiben, war in den meisten Fällen nicht erreichbar gewesen.

«Das Bedürfnis, gemeinsam das Volksgut mit den Schicksalsgefährten zu pflegen, besteht nicht», stand in der Untersuchung über die Probstei: «Während die Einheimischen eine feste Gemeinschaft zusammenhält, ist die Flüchtlingsbevölkerung zersplittert und nicht zu einer Notgemeinschaft zusammengewachsen.» Und wie lange es dauerte, bis einer mit den Einheimischen zurechtkam, hatte auch etwas mit seiner eigenen Stammesgeschichte zu tun. Die Schlesier seien ja noch ziemlich anpassungsfähig, berichtete die Studie aus dem westfälischen Kreis Lüdinghausen, aber den schwerblütigen Ostpreußen falle es ungemein schwer, Kontakt zu finden.

«Der nüchterne, betriebsame Nordböhme», so schilderte Eugen Lemberg den sozialen Mischmasch, «und der grüblerische, mystisch gerichtete Schlesier treffen auf den barocken, saftigen, weit ausladenden und vielfach magisch denkenden Bayern. Der fast bayrische, aber beweglichere Egerländer voll Schwung und Musik wohnt nun beim strengen und nüchternen, oft rührend schlichten Hessen.»

Sitte und Brauch, was es in der Heimat so an Festen und Eigenheiten gegeben hatte, an besonderer Handfertigkeit oder an Liedern – das war Vergangenheit, und nicht selten wurde das alte Lebensbild so verklärt, daß es mit der Wirklichkeit auch nicht mehr viel gemein hatte. Zuhause war alles besser gewesen, das Handwerk und die Industrie, die Schulen und der Ackerbau, und der verlorene Besitz wuchs dann manchmal bis auf Rittergutsgröße, was wiederum den Hohn der Eingesessenen hervorkehrte.

Schmöker sollten die alten Tage zurückbringen. Es entstand die sogenannte «Heimweh-Literatur», die enorme

Auflagen erlebte. Als zur Jahreswende 1951/52 die «Ost-deutsche Verlagsanstalt» einen Schreibwettbewerb unter dem Motto «Aber das Herz hängt daran» auslobte, kamen mehr als 12 000 Einsendungen. Und schließlich wurde der Flüchtling zur Filmfigur. In «Grün ist die Heide» schlug Förster Rudolf Prack sich mit einem wildernden Heimatvertriebenen herum, der seiner Jagdleidenschaft legal nicht mehr nachgehen konnte. Ernsthaft beschäftigte sich vorher schon Liebeneiners «Liebe 47» mit der Geschichte eines Heimkehrers, der sich um eine Flüchtlingsfrau kümmert, und Käutners «In jenen Tagen» beschrieb die Episode um einen Soldaten und ein vertriebenes Mädchen.

Mit den Paaren, die es in jenen Tagen wirklich gab, befaßte sich die Wissenschaft. Die Heiratschancen von Flüchtlingsbräuten, so fanden hannoversche Soziologen 1950 heraus, waren generell geringer als die Aussichten der eingeborenen Konkurrenz. «Standesgemäß» oder höher hinauf zu heiraten, war ein Glücksfall. Läppisch, wie es mancheinem vorkommen mag, war diese Studie nicht, denn sie sagte allerhand aus über den Stand der Eingliederung: Mischheiraten sind in allen Gesellschaften ein zuverlässiger Indikator für die Beziehungen verschiedenartiger Gruppen.

Heimatvertriebenen jungen Männern kam der allgemeine Frauenüberschuß der Nachkriegszeit zugute, und wenn sie in der Stadt lebten, waren die Eheaussichten ganz passabel. Auf dem Lande durften sie vielleicht einheiraten, wenn die Jungbauern gefallen waren. Daß aber ein Bauernsohn ein Flüchtlingsmädchen zur Frau genommen hätte, war geradezu unvorstellbar.

«Für den Erben eines Bauernhofs in Fiefbergen», so die Dissertation über die holsteinische Probstei, «wäre es unmöglich, ein Flüchtlingsmädel zu heiraten, ohne sich mit der ganzen Familie zu entzweien.» Ein Siedler, der in der Nähe der Gemeinde Probsteierhagen eine junge Vertriebene heiratete, war lange Zeit Gesprächsstoff der ganzen Gegend, bei den Einheimischen wie bei den Flüchtlingen.

Als Günther Heubl, Fraktionschef der SPD im Waldkraiburger Stadtrat und gestandener Bayer, eine Flüchtlingsbraut anbrachte, gab es «ein großes Grummeln» unter den Bauern ringsum. «Flüchtling», weiß Heubl, «das war zeitweise ein Schimpfwort.» Die Neusiedler in den ehemaligen Munitionsbunkern waren «die Gratler», was kaum übersetzbar ist, aber nichts Gutes bedeutet. Heubls Vater, im Nachbardorf Aschau seßhaft, liebäugelte lange Zeit mit einem Baugrundstück in Waldkraiburg, wo es spottbillig war. Doch dann entschied er sich doch für das teure Land in der Heimatgemeinde: «Da wissen wir, wo wir sind.»

Die geringsten Widerstände gegen eine Mischehe mit Vertriebenen gab es in der sozialen Unterschicht. Die Proletarier aller Stämme vereinigten sich ohne größeres Aufheben. «Wie immer es der einzelne getroffen haben mag», resümierte Professor Lemberg, «in ihrer großen Masse sind die Ostvertriebenen und Flüchtlinge gesellschaftlich deklassiert. In der neuen Gesellschaft sehen sie sich um mehrere Stufen tiefer eingestuft als zu Hause.»

Horst Rössler, 45, Heimleiter im «Haus Sudetenland» zu Waldkraiburg, das für die ostdeutsche Jugend gebaut wurde, war bei der Vertreibung ein Kind und hatte weder Beruf noch Besitz zu verlieren. Dennoch hält er seine Altersklasse für «die beschissene Generation»: Was sonst durch die Eltern vorgegeben sei, habe ihr gefehlt, Eigentum und sozialer Status und das vertraute Geflecht, an dem man sich ins Leben hangeln konnte. Diese Generation war es dann allerdings auch, die sich zuerst mit dem neuen Umfeld arrangierte. «Immer wieder bestätigt sich», beobachtete Volkskundler Karasek, «das die kräftigsten Anstöße zur Aufnahme des nachbarlichen Zusammenlebens von Seiten der erwachsenen Jugend kommen.»

Ende 1949, fünf Jahre nach der Vertreibung, erklärten in einer Umfrage wenigstens schon 50 Prozent der Flüchtlinge, daß sie «geselligen Umgang mit Einheimischen» pflegten, ein Hinweis, so Elisabeth Pfeil, «daß die Hälfte der Ostdeutschen nicht mehr ganz abseits vom sozialen Leben des

Aufnahmelandes steht». Die Soziologin ermittelte, daß viele Vertriebene am Vereinsleben der Eingesessenen Gefallen fanden – und wer in Deutschland im gleichen Verein ist, der darf zur Not sogar Flüchtling sein.

Auch «mittlere und gehobene Berufsschichten», so die Studie über den Kreis Lüdinghausen, zeigten im allgemeinen größere Bereitschaft, sich anzupassen. Und auf dem Dorfe besserten sich die Beziehungen manchmal schon deshalb, weil der Flüchtling von den heimlichen, nach dem Bewirtschaftungsgesetz verbotenen «Schwarzschlachtungen» seines Bauern Wind bekam und «dieser deshalb gezwungen war, ihm freundlich entgegenzukommen».

Daß es mit der Eingliederung über viele Jahre so schwer voran ging, lag auch an Umständen, die weder Vertriebene noch Eingesessene zu vertreten hatten. Wer auf dem Dorf untergebracht war, hatte meist schon deshalb keine Chance, den gewohnten und schon einmal erworbenen oder ererbten Sozialplatz wieder einzunehmen. «In ein abgelegenes Bauerndorf», schildert Eugen Lemberg den Normalfall, «kommen Angehörige einer größeren Stadt mit hochentwickelter Textilindustrie. Jeder arbeitsfähige Mann ist Facharbeiter von hoher Qualität, Textilwarenhändler oder Verwaltungsbeamter. Das Dorf erhält damit einen Überhang an Facharbeitern und Intellektuellen, die nicht zur Geltung kommen und ins Proletariat absinken. Ihre Kritik an Menschen und Einrichtungen der neuen Heimat ist entsprechend scharf.»

Zudem «entsprach die berufliche Gliederung, Ausbildung und Erfahrung der Vertriebenen», so der Kieler Wirtschaftsprofessor Friedrich Edding, «zu einem erheblichen Teil nicht der Nachfrage in Westdeutschland. Die übliche Benachteiligung des ‹Eingewanderten› im beruflichen Wettbewerb kam hinzu.» Sie hatten so gut wie kein Kapital mitgebracht, kein Werkzeug oder Fahrzeug, und die Produktionsmittel steckten in der Hand oder im Kopf. «Dieses Fehlen jeglicher Existenzmöglichkeit gestattet eben nicht ein Einleben in die hiesigen Verhältnisse», antwortete einem Interviewer der Sudetendeutsche Bubenik, 35, früher leitender Angestellter, jetzt Hilfsarbeiter in einer Holzfabrik.

Flüchtlinge verfielen auf seltsame Beschäftigungen. Künstler und Intelligenzler begaben sich, sofern sie nicht Ställe ausmisteten, in Ausweichberufe. «Es entstehen familiäre und handgewerbliche Erzeugungsstätten verschiedenster Art», beschreibt Volkskundler Karasek solche Notlösungen, «man zieht mit Puppenspielen und Kaspertheatern herum, es häufen sich die fahrenden Musikanten.»

Ein beträchtlicher Teil der früher Selbständigen oder in der beruflichen Mittelschicht angesiedelten Flüchtlinge war in den ersten Nachkriegsjahren als Arbeiter beschäftigt, und für viele blieb es dabei. «Eine Lizenzerwerbung, eine Selbständigmachung eines Handwerkers oder Gewerbetreibenden», klagte ein Sudete aus Reichenberg, vormals Syndikus und Leiter eines Großhandels, «wird auch oft von den Dienststellen sabotiert. Jahrelang hört und sieht man nichts von seinem Antrag.» Und auch jüngere Leute mußten erst einmal nehmen, was gerade zu haben war. 90 Prozent der 15 bis 21jährigen, ermittelte 1949 eine Forschergruppe des Kieler Weltwirtschaftsinstituts im holsteinischen Kreis Lauenburg, waren Arbeiter, während es dort in früheren Zeiten nur 68 Prozent waren.

Die Kieler Wissenschaftler sahen Düsteres voraus: Anders als etwa die Amerikaner habe «der vertriebene Deutsche ein ausgeprägtes Standesbewußtsein, für ihn ist der Beruf und der Berufsstand noch Wertmesser seiner Persönlichkeit. Er kann auf die Dauer nicht ‹unter seinem Stande› tätig sein, ohne innerlich Schaden zu nehmen.» Es muß viele getroffen haben; vor der Ausweisung oder Flucht war nahezu ein Drittel der Ostdeutschen selbständig gewesen, 1959 im Westen waren es nur noch acht Prozent.

Bis weit in die fünfziger Jahre hinein war die Arbeitslosigkeit der Vertriebenen deutlich höher als bei den Einheimischen. Zwar war das Gros der Ostpreußen und Pommern in den Dörfern gelandet, und das war ihr Milieu: Selbst die Industrie in ihren alten Gebieten war weitgehend an der

Landwirtschaft orientiert gewesen. Insgesamt hatten vier Millionen Vertriebene direkt oder indirekt in diesem Bereich gearbeitet. Aber hier im Westen fehlten nun die Voraussetzungen für die Kartoffelflockenherstellung und die Spritbrennerei, für Zuckerfabriken und Mühlen.

In Schlesien hatten die Dinge anders gelegen. Dort hatte es zwar ebenfalls eine hochentwickelte Landwirtschaft gegeben, aber auch eine weit gefächerte Rohstoffproduktion, Halbfabrikat-Herstellung und Fertigindustrie, Konsumgüterproduktion und Produktivgütererzeugung. Handwerk und Gewerbe waren im Sudetenland auf Weltniveau gewesen. Doch in den bayrischen Weilern war mit all dem Wissen und den Fertigkeiten wenig anzufangen.

Ausländische Interessenten versuchten schon 1945, brachliegende deutsche Spezialisten aus der Vertriebenenmasse abzukämmen. Martin Kornrumpf erinnert sich daran, wie in einem Lager ein aufgeregter Rot-Kreuz-Helfer die Behörden alarmierte: «Hier stehen Omnibusse aus den Niederlanden, Belgien und Schweden. Man sucht die Glasleute unter den Flüchtlingen heraus und will sie mitnehmen.»

Den Sudetenländern aber war nach weiterer Fortbewegung nicht zumute. Die Mehrzahl und dazu viele Schlesier blieben in Bayern – wo schließlich mehr als ein Drittel sämtlicher deutschen Flüchtlingsbetriebe ansässig war. An der Strebsamkeit der meisten Vertriebenen war nicht zu zweifeln, und es gab ungezählte Versuche, beruflich wieder Tritt zu fassen oder etwas Neues zu gründen.

Adolf Hammerl, der Musikinstrumentenmacher vom Erzgebirge, hatte sich schon vor der Ausweisung mit ein paar anderen Meistern besprochen: In Kraiburg wollte man sich treffen und was aufbauen. Und unter den 50 Kilo Gepäck, die sie mitnehmen durften, waren die Spezialwerkzeuge, die sie für ihre Trompeten und Waldhörner brauchten.

Nun schlugen sie sich Fenster in den Beton der Munitionsbunker und verlegten sich, weil es an Rohstoffen für neue Instrumente fehlte, erst einmal aufs Reparieren. Die erste, sehr bayrische Marktlücke war bald ausgemacht: Kirchenkreuze und Weihrauchkessel, und erst 1950 lief die Instrumentenproduktion wieder richtig an. Hammerl hat «immer nur geschafft, zwölf Stunden täglich, auch samstags. Sonntags haben wir die Bunker ausgebaut und abends die Büroarbeit erledigt.»

Die Umsätze der «Miraphone»-Genossenschaft mit über 90 Mitarbeitern gingen steil in die Höhe und die Lieferzeiten wurden lang. Die Handwerkskünstler im Bunker lieferten nur an ausgesuchte Händler und erst, wenn das Geld auf der Bank war, wurde die Ware verschickt. Adolf Hammerl saß bald im Vorstand der «Miraphone», deren Exportanteil binnen kurzem bei 60 Prozent lag und die, Louis Armstrong inklusive, die Musikgrößen in aller Welt bediente.

Die Leute in Waldkraiburg waren aber auch niemandem im Wege, und typisch für das berufliche Los des Vertriebenen war ihr Werdegang nicht gerade. Ausgesprochen hoffnungslos zum Beispiel war die Lage der Bauern. Von den rund 300 000 selbständigen Landwirten aus dem Osten sind noch nicht einmal 60 000 wieder zu eigener Scholle gekommen.

Vorbildliches leisteten auf diesem Felde die Niedersachsen. Sie besorgten 11 500 Flüchtlingsbauern wieder eine Vollerwerbsstelle, weit mehr als jedes andere Bundesland. Im übrigen aber war es schon schwer, auch nur eine Siedlerstelle für den landwirtschaftlichen Nebenerwerb zu bekommen. Auf neues Land waren auch einheimische Kleinbauern aus: In Hessen etwa bemühten sich neben 6000 Flüchtlingsbauern auch noch 15 000 ansässige Siedler um neuen Grund und Boden.

Allein die strukturellen Probleme, die die Verteilung der Flüchtlinge mit sich gebracht hatte, mußten jegliche Integration auf unabsehbare Zeit hinausschieben. Schon bald nach der Masseneinwanderung hatten Verwalter und Landespolitiker darüber diskutiert, ob nicht vor allem in den drei hauptsächlich betroffenen Regionen der Arbeits- und

Wohnungsmarkt und das Sozialbudget durch Umsiedlungen entlastet werden müßten. Schon früh erwies sich allerdings auch, daß jedes Land die eigenen Interessen dem nationalen Anliegen voranstellte.

Schleswig-Holstein startete bereits im Sommer 1948 mit einer ersten Umsiedlungsaktion – ausgerechnet in Richtung Niedersachsen, wo es schon voll genug war. Als die ersten 541 Vertriebenen mit der Eisenbahn anrollten, schrieb die *Welt*: «Sitzstreik in Wolfenbüttel, Schreikrämpfe in Salzgitter, Herz- und Gallenanfälle in Springe, das waren die Auswirkungen der Aktion bei der Ankunft in der neuen Heimat.» Die Umsiedler waren entsetzt über die Unterkünfte, die ihnen in Niedersachsen angeboten wurden und die noch schlechter waren als die Notdürftigkeiten in Schleswig-Holstein. Ein großer Teil der Leute, denen doch bessere Zeiten versprochen worden waren, weigerte sich, auch nur den Zug zu verlassen. Und als schließlich der niedersächsische Flüchtlingsminister, Pastor Heinrich Albertz, bei der britischen Militärregierung gegen den Kieler Handstreich protestierte, wurde das Unternehmen abgebrochen.

Erst nach Bildung der Bundesrepublik kam eine «Verordnung über die Umsiedlung von Heimatvertriebenen» zustande. Aus Schleswig-Holstein zogen 400000 fort, 350000 verließen Niedersachsen und 265000 das Bayernland. Der größte Teil ließ sich in Nordrhein-Westfalen nieder, und zum zweiten Mal kamen wieder Ostpreußen und Schlesier in den Kohlenpott, wo schon ein paar ihrer Vorfahren waren. Und auch das Gebiet des späteren Baden-Württemberg, dessen französisch besetzter Teil vom Vertriebenenstrom nicht berührt worden war, mußte nun einige Hunderttausend aufnehmen.

Die Regierenden der neuen Republik spendierten den Vertriebenen noch weitere Auftriebshilfen. Denn inzwischen waren diese zwölf Millionen für die Parteien interessant geworden. Eine stramme Flüchtlingslobby hatte sich zudem über den Bund der Heimatvertriebenen und Entrechteten (BHE) formiert und über die Landsmannschaften

– in denen allerdings höchstens 20 Prozent der Ostdeutschen organisiert waren.

1952 wurde der Lastenausgleich beschlossen, ein Fond für Vertriebene und andere Kriegsgeschädigte, der aus Haushaltsmitteln von Bund und Ländern gespeist wurde und von Vermögensabgaben bundesdeutscher Firmen. Das umfängliche Gesetzeswerk, inzwischen 29mal novelliert, bescherte bis heute seinen Nutznießern insgesamt 127 Milliarden Mark – die «größte legale Vermögensumverteilung in der Menschheitsgeschichte», wie Bayerns Sozialminister Fritz Pirkl anmerkte.

«Das niederdrückende Bewußtsein», so damals die *Welt*, «jede Hilfe als eine Art Almosen annehmen zu müssen, ist mit dem Lastenausgleichsgesetz verschwunden.» Vorgesehen waren unter anderem eine Hauptentschädigung für verlorenen Besitz, Hausratsentschädigung, Mittel für den Wohnungsbau, Aufbau- und Ausbildungshilfen, und die Ansprüche waren sogar vererblich. Wer seine Forderungen begründen konnte, bekam Geld allerdings nur in Raten, und für die meisten kamen am Ende nur Kleckerbeträge heraus. Den weitaus größten Teil der Lastenausgleichsmittel zehrten die Renten auf – 48 Milliarden Mark.

Die Eltern von Ernst Braun in der Probstei, die ein 130-Hektar-Anwesen zurückgelassen hatten, erhielten eine erste Rate von 240 Mark. «Wir waren reich», und deshalb fuhren sie gleich nach Kiel, machten Weihnachtseinkäufe und spendierten dem Sohn einen Rasierpinsel. Das war's dann: Vater Braun wurde nämlich 88 Jahre alt und verbrauchte in dieser Zeit seine Ausgleichsrente.

Am Ende blieben dem Erben Ernst noch 130 Mark – «das war der Hof, aus». Eine allmähliche Geldentwertung und Preissteigerungen magerten den Ausgleich dann noch weiter ab. «Für ein verlorenes Haus», klagte ein vertriebener Bauer in einem Verbandsorgan, «kann man nicht einmal einen Bauplatz kaufen, und für den Verlust eines Waldes erhält man allenfalls den Wert eines Baumes als Entschädigung.»

Handfester waren die Vorteile des Bundesvertriebenengesetzes, das 1953 verabschiedet wurde. Es löste die Flüchtlingsgesetze der Bundesländer ab, die noch aus Besatzungszeiten stammten und deren Verheißungen sich unter den gegebenen Verhältnissen nie so recht hatten entfalten können. Das anfallende Siedlungsland im Bundesgebiet zum Beispiel mußte fortan «nach Größe und Güte» zur Hälfte den Vertriebenen zugeteilt werden. Wenn ein Flüchtling durch Einheirat oder sonstwie Miteigentum an einem landwirtschaftlichen Betrieb erwarb, standen ihm zinsgünstige Darlehen und Beihilfen zu.

Wer sein Land an Vertriebene verkaufte, wurde mit Steuervergünstigungen dafür belohnt. Und bei Aufträgen der öffentlichen Hand etwa mußten Vertriebene bevorzugt werden, ebenso Unternehmen, an denen sie zur Hälfte beteiligt waren. Privilegien genossen die Vertriebenen schließlich im Wohnungsbau. Aus dem Ausgleichsfond wurden rund 750 000 neue Wohnungen finanziert. Halbwegs im Gleichgewicht waren die Unterkunftsverhältnisse allerdings erst Ende der fünfziger Jahre – aber das galt natürlich auch für den Rest der Bevölkerung, vor allem in den Ballungsgebieten.

Die Gesetzeshilfen trugen ohnedies neuen Konfliktstoff in die bundesdeutsche Gesellschaft. Ansässige Gewerbetreibende, die in den ersten Aufbaujahren um Kredite und günstige Zinsen verlegen waren, betrachteten die bevorzugten Flüchtlingsbetriebe als unlautere Konkurrenz. «Den Einheimischen», warnte die Soziologin Pfeil, «steht vor Augen das Bild von Flüchtlingsfamilien, denen es gelungen ist, Stellung und Wohnung zu bekommen, während sie selbst vielleicht noch als Bombengeschädigte sowohl beruflich nicht wieder den alten Stand erreicht haben wie auch noch völlig unangemessen wohnen.»

Das Thema erledigte sich jedoch auf unerwartete Weise. Die aufkommende Hochkonjunktur in Westdeutschland machte Kreditvergünstigungen oder Eingliederungshilfen für vertriebene Angestellte obsolet, gab Arbeitslosen wieder Arbeit – und mehr als all die Gesetzesvorschriften half der vehemente Wirtschaftsaufschwung, das ganze Flüchtlingsproblem aus der Welt zu schaffen.

Bis zum Beginn der sechziger Jahre hatten Vertriebene wieder 62 000 Handwerksbetriebe eingerichtet, 14 000 Industriefirmen und rund 70 000 Handels- und Verkehrsbetriebe – eindrucksvolle Zahlen, doch im Vergleich zu dem, was sie einmal hatten, ein bescheidener Anteil am westdeutschen Wirtschaftsleben.

Die Vertriebenen machten 17 Prozent der Gesamtbevölkerung aus, stellten aber beispielsweise nur 7,2 Prozent der Handwerker und Gewerbetreibenden, lediglich 6,5 Prozent der Industrieunternehmer. Für alle Flüchtlinge, ob selbständig oder abhängig, war der Nachholbedarf größer gewesen als für die Eingesessenen. Ihr Besitzstand, bei Nähmaschinen wie Kühlschränken oder bei Eigenheimen, lag auch anderthalb Jahrzehnte nach der Vertreibung noch deutlich unter dem Niveau der anderen Bundesbürger.

Die Frage, ob diese zusätzliche Masse an qualifizierten Fachkräften, an Kraftpotential überhaupt, dann letztendlich nicht doch ein Glücksfall für die aufstrebende Republik war, ist nicht bündig zu beantworten. Den Deutschen, schrieb 1958 der französische Professor Georges Landrod, sei es «in fast wunderbarer Weise gelungen, sich diesen gewaltigen Zustrom an Arbeitskapazität nutzbar zu machen, um den Wohlstand aller sicherzustellen. Das ist eine Tat, die in der Geschichte einzig dasteht.» Doch bis es soweit war, brauchte es Zeit und Geld.

Wahrscheinlich, so der Wirtschaftswissenschaftler Edding, seien «die Schwierigkeiten des Wiederanfangs in Westdeutschland ohne die Vertriebenen leichter zu lösen gewesen». Die Wohnungs- und Versorgungsprobleme, die Soziallasten drückten die Produktivität: «Global betrachtet mußte die gesamte Basis an Sozial- und Produktionskapital für das Leben und Wirtschaften der Vertriebenen neu geschaffen werden. Bis das gelang, war erhebliche Arbeitslosigkeit bzw. relativ niedrige Produktivität nicht zu vermeiden. Wohnungen, Schulen, Krankenhäuser, Verkehrsanlagen, Fabriken, Bauernhöfe, Werkstätten und Handelsbetriebe erforderten Investitionen, deren zur vollen Eingliederung nötige Gesamthöhe auf mindestens 100 Milliarden Mark in Preisen von 1950 geschätzt wurde.»

Dennoch ist nicht zu bezweifeln, daß die Vertriebenen am wirtschaftlichen Aufstieg der neuen Heimat einen Anteil hatten, der ihren Anteil an der Gesamtbevölkerung überwog: «Die außerordentliche Dynamik» der Vertriebenen und ihre «Anpassungsbereitschaft im wirtschaftlichen Verhalten», so auch Edding, «hoben die durchschnittliche Leistung weit über das in Nachbarländern übliche. Der in der menschlichen Qualität, in Arbeitswillen, Können und Durchsetzungsvermögen der Vertriebenen liegende Wert erwies sich von Jahr zu Jahr als ein für die Wirtschaft des Aufnahmegebiets positiver Faktor.»

Als es Arbeit für alle gab und gutes Geld, das ihnen von den Wohlstandsmitbürgern nicht mehr geneidet wurde, als aus Trümmerfeldern wieder hinlänglich Wohnraum geworden war, lösten sich mehr und mehr auch die Spannungen, die vielen Vertriebenen über so lange Zeit das Einleben erschwert hatten: Das machte nun gar keinen Sinn mehr, und im übrigen war viel zu tun. Über das Wirtschaftswunder sprach dann bald alle Welt; das größere Wunder aber war wohl die Einpassung der zwölf Millionen Vertriebenen in die westdeutsche Gesellschaft – aller Feindschaft und Ablehnung zum Trotz und trotz der erbärmlichen Versorgungslage in den ersten Jahren.

1959, zehn Jahre nach Gründung der Bonner Republik und vierzehn Jahre nach dem Zusammenbruch des Reiches, notierte Volkskundler Karasek-Langer: «Die Fronten Einheimische und Vertriebene existieren heute de facto nicht mehr. Die Starre hat sich gelöst.» Wenn fortan noch über Eingliederung gesprochen wurde, ging es um die Türken.

Selbst oben in der Probstei, wo einst die Ostpreußen wieder ihre Pferde anspannten und zurücktrecken wollten, haben sich die Ost-West-Beziehungen endgültig geglättet.

Man rede zwar noch bei dem einen oder anderen davon, daß er ein Flüchtling sei, sagt einer in der Runde beim Bürgermeister Stoltenberg – «aber nicht mehr mit dem Unterton».

Als die Rede auf den vertriebenen Schmied kommt, den sie weggegrault haben, machen die alten Herren ganz unschuldige Augen: Nein, das sei ja wohl nicht wahr, und jedenfalls können sie sich daran gar nicht mehr erinnern. Immerhin, wird einer rückfällig, das sehe man ja sofort, wo ein Ostpreuße sich niedergelassen habe: «Da ist alles einfach», sagt er fein und meint natürlich schludrig. In Fiefbergen aber dürfen Flüchtlinge seit einiger Zeit sogar in die sogenannte Totengilde, eine Vereinigung, die für Bedürftige das Begräbnis finanziert. Daß ihnen dies erlaubt wurde, lag allerdings nicht nur in der allgemeinen Befriedung; es war auch so, daß die Mitgliederzahlen bedenklich schrumpften.

Nebenan im Nachbarort Probsteierhagen wurde das Vertriebenenkind Konrad Gromke erst von seinen Eltern an seine Herkunft erinnert. Als der Christdemokrat 1974 zur Bürgermeisterwahl antrat, winkten die Alten ab: «Als Flüchtling wirst du sowieso nicht gewählt.» Er wurde aber doch, und in der kommunalen Arbeit spielen Vertriebene heute keine Rolle mehr. Der Ort, damals von Ostdeutschen überlaufen, feiert dieses Jahr sein 725jähriges Bestehen mit einem großen «Heimatabend», aber für die Zugewanderten ist kein besonderer Programmteil vorgesehen. Nur die Straßenschilder erinnern noch an die Gegend, aus der sie gekommen sind: Masurenweg, Pommernring.

Seltsame Allianzen kamen zustande, als die Flüchtlinge keine Flichtlinge mehr waren. In zwei Stuttgarter Jugendgruppen der «Deutschen Jugend des Ostens» waren auf einmal mehr einheimische Mitglieder als Heimatvertriebene. Und der Mann, der lange Zeit die Egerländer Jugendgruppe in Waldkraiburg leitete, war ein Münchner.

Das Gewicht der Landsmannschaften war ohnehin nie so gewaltig gewesen, wie es den Anschein hatte; viele hatten das nur nicht gemerkt, weil die sich so aufplusterten.

Herbert Hupka mußte schließlich einen neuartigen Mitgliedstypus tolerieren, den Nichtvertriebenen. Neben den Geburts- und Abstammungsschlesiern, sagte der Vorsitzende vor Jahren, gebe es zunehmend auch «Bekenntnis-Schlesier». Im Kreise Plön, dessen Einwohnerschaft etwa zur Hälfte aus Vertriebenen oder deren Nachkommen besteht, gibt es noch rund 1200 organisierte Ostpreußen – «gerade noch etwa ein Prozent der Gesamtbevölkerung», sagt Schulrat Lamb aus Königsberg und hebt bedauernd die Schultern.

Die Eltern vom Bürgermeister Gromke, vertrieben aus Allenstein, gingen in den 40 Jahren nicht ein einziges Mal auf einen Heimatabend, geschweige denn in eine Landsmannschaft. Wie ihr Landsmann Ernst Braun, der «hier nicht der ewige Flüchtling sein» wollte und sich «angepaßt hat, wo es ging». Braun spricht noch seinen gemütlichen Ostpreußendialekt, und in Gesellschaft macht er schon mal ein paar ostpreußische Witze, mit Erfolg, wie er sagt. Aber sonst ist vom Hergebrachten nicht viel übriggeblieben.

Es sei ein Verhängnis, hatte 1949 der Professor Lemberg geschrieben, wenn die Vertriebenen «als amorphe Masse Einzelner in den Boden West- und Binnendeutschlands versickerten», es gelte, das Erbe zu erhalten. «Halten Sie an Ihrer Art fest und lassen Sie sich nicht vermischen zu einer großen gestalt- und formlosen Masse», hatte Konrad Adenauer 1953 vor katholischen Schlesiern empfohlen. Zwar machten zwei Jahre später Sozialforscher in einer Untersuchung über «Ostdeutsches Brauchtum in Nordrhein-Westfalen» aus, daß gewisse Mitbringsel nun sogar von den Einheimischen gemocht würden: Oppelner Würstchen und schlesisches Himmelreich, ostpreußischer Bärenfang oder Danziger Goldwasser. Alles in allem jedoch sind mit der Eingliederung, die sich erst so schwer anließ, die Eigenheiten der Ostvertriebenen verlorengegangen. «Die Brauchtumswelt», ahnte Volkskundler Karasek-Langer, «ist ebenso wie die Mundart zum Untergang bestimmt», und seit auch die Reste der «Erlebnisgeneration» ins Greisenalter gerückt sind, ist Überlieferung nur noch aufzufinden, wo sie konserviert wird.

An Versuchen, heimatliche Sitte und Besonderheit zu erhalten, hat es nicht gefehlt. Da rief die «Gemeinnützige Gesellschaft zur Förderung ostdeutscher Volkskunst» alle «Handwerker und Heimarbeiter, Hausgewerbetreibenden und Einzelschaffenden» auf, «die noch die von ihren Großeltern und Eltern vererbten alten schönen Formen, Muster, Farbgebungen wie auch Techniken herzustellen verstehen», sich zu melden.

Die Landsmannschaft Ostpreußen fertigte Listen an über die kunsthandwerklichen Betriebe, die sich noch auf die typische Hand- und Leinenweberei, das Doppelgeweb oder den Bernsteinschmuck verstanden. Schulrat Lamb, der in seinem Kreis die Kulturarbeit der Ostpreußen leitet, bemüht sich um die Erhaltung alter Strickmuster. 4000 Mark schießt der Kreis Plön jährlich zu für solche Zwecke. Ab und zu gibt es einen Agnes-Miegel-Abend, und man darf annehmen, daß die anwesenden Alten diese Dichterin vor ihrer Vertreibung kaum dem Namen nach kannten.

Traditionspflege, wundert sich Horst Rössler, der in Waldkraiburg dem Haus Sudetenland vorsteht, komme wieder ganz gut an. Wer damals noch Kind gewesen sei, meint er, stünde ja nun in der Lebensmitte und besinne sich wieder auf seine Wurzeln. Aber ob das anhält, möchte er lieber nicht beschwören: «Im Moment ist Brauchtum halt in.» Bonn und die Länder sind sogar verpflichtet, das Brauchtum und darüber hinaus «das Kulturgut der Vertreibungsgebiete in dem Bewußtsein der Vertriebenen, des gesamten deutschen Volkes und des Auslandes zu erhalten» – so bestimmt es das Vertriebenengesetz. «Archive, Museen und Bibliotheken sind», wie der Paragraph 96 besagt, «zu sichern, zu ergänzen und auszuwerten, sowie Einrichtungen des Kunstschaffens und der Ausbildung sicherzustellen und zu fördern».

Zwar wurden letztes Jahr 6,2 Millionen Mark für die ostdeutsche Kulturarbeit ausgegeben, aber weit gekommen ist es mit der noch nicht. Viele der Museen und Heimatstuben demonstrieren eher rührendes Laienschaffen denn sachkundige Kulturpflege. In der «Heimatstube Gerdauen/Ostpreußen» in Rendsburg sind so bedeutende Stücke wie ein Spinnrad und die Königskette der ehemaligen Schützengilde zu sehen; die Amtskette des Bürgermeisters von Preußisch-Holland hängt nun in einer Art Andenkenstätte in Itzehoe, Viktoriastraße 20.

1983 wurde ein oberschlesisches Landesmuseum im rheinischen Ratingen eröffnet, und in Lüneburg ist ein Museum für die Ostpreußen im Bau. Doch im übrigen, so räumte Horst Waffenschmidt ein, Parlamentarischer Staatssekretär im Bonner Innenministerium, sei der gesetzliche Auftrag «auch 40 Jahre nach der Vertreibung noch nicht immer zufriedenstellend gelöst». Es fehle «weitgehend noch das Bewußtsein von der Notwendigkeit dieser Aufgabe», und man muß annehmen, daß sich dieses Bewußtsein auch nicht mehr so recht entwickeln läßt.

Der großen Masse ist lediglich klar, daß ihre Vergangenheit nicht mehr lebendig wird. Schon vor zwanzig Jahren ergaben Umfragen, daß nur ein Viertel der Vertriebenen an eine Heimkehr glaubte, und für die Jüngeren ist das wohl schon länger kein Thema mehr. «Den heute 40- bis 60jährigen», sagt Horst Rössler, «hat sich die Rückkehrfrage nie gestellt. Die hatten zu arbeiten.» Ernst Braun, schon knapp jenseits der 60, sieht «ganz nüchtern die Realität. Es ist nicht mehr mein Zuhause». Und dann: «Ich war 20 Jahre in Ostpreußen, aber seit 40 Jahren bin ich Holsteiner.»

Braun hat sich, wie mancher andere, auf die Probe gestellt. Er war schon ein halbes Dutzend mal wieder im Ermland – und wohnte dann immer in seinem Elternhaus, bei den Polen, die jetzt dort leben. Das erste Mal sind sie mit dem Auto den alten Treckweg zurückgefahren, «das war schmerzlich, da hat's mir die Kehle zugeschnürt. Die Landschaft, die Wege, das ist noch so, wie es war.» Zu «unseren Nachfolgern» hat er inzwischen «ein herzliches Verhältnis entwickelt». Die fühlen sich auch als Heimatvertriebene, denn sie kamen aus Wilna, das die Russen den Polen wegnahmen.

Brauns Bürgermeister in Probsteierhagen, der Christdemokrat Konrad Gromke, war letztes Jahr ebenfalls in Ostpreußen und besuchte auch die Heimatgemeinde seiner Eltern. Er hatte Vater und Mutter mitgenommen, weiß aber nun gar nicht mehr, wie der Ort eigentlich hieß. Das alte Haus stand noch, aber «die Landwirtschaft war in schlechter Verfassung». Von den Polen, die dort wohnen, wurden die deutschen Besucher gleich eingeladen. «Ich konnte sehen, woher meine Familie kommt», sagt der Flüchtlingsnachkomme, «aber ich hatte nicht das Gefühl, daß ich da hinmöchte.»

Ist das nun alles anders in Waldkraiburg, der Flüchtlingsgemeinde, deren Bevölkerung noch immer zu drei Vierteln aus Vertriebenen und deren Nachkommen besteht und wo die Sudetendeutschen und die Schlesier gar keine rechte Gelegenheit hatten, sich zu integrieren – es sei denn, großräumig in das bayrische Umland?

Aus den rund 2000 Einwohnern des Jahres 1950 sind inzwischen 22 061 geworden. Die Bunker gibt es nicht mehr, bis auf einen im Oderweg, um den sie einen Zaun gezogen haben, das Gründungsdenkmal sozusagen. Sonst ist alles neu in dieser Stadt, und es gibt, woher auch, nicht mal eine einzige alte Fassade oder einen verwitterten Winkel. Auf dem Brunnenrand am Stadtplatz schäkern zwei Punker: No future, aber auch keine großdeutsche Vergangenheit. Das «Wienerwald» ist längst über die Stadt gekommen, und nur ein hoher Maibaum am Rathaus, geschmückt mit den Wappen der Heimatgruppen und Vereine, deutet noch darauf hin, wer hier gesiedelt hat.

Als der Realschullehrer und Schlesier Werner Tusche 1955 nach Kraiburg kam, «war das eine geschlossene Gesellschaft. Aber das hat sich grundlegend geändert.» In der Volkshochschule, die Tusche leitet, sind Themen aus der verlorenen Heimat nicht mehr gefragt, mit einer Ausnahme: Ein paar alte Frauen lehren nun das Klöppeln, und

70

dafür interessieren sich überwiegend die jungen Mädchen. Es paßt in die Zeit wie Stricken und Brotbacken, das wieder alternative Freude bereitet.

In Waldkraiburg regiert die CSU mit 16 Mandaten, zwölf haben die Sozialdemokraten, und eine Ökogruppe ist mit zwei Stadtparlamentariern vertreten. Bei der letzten Bürgermeister-Wahl ist der SPD-Fraktionschef Günther Heubl nur mit 127 Stimmen unterlegen, und die, vermutet er, kamen aus dem Adalbert-Stifter-Heim, in dem lauter alte Vertriebene leben.

Es gibt immer noch 130 Heimatgruppen in der Stadt, aber die führen, sagt Horst Rössler, «ein ganz normales Vereinsleben», in dem der Bericht des Kassierers und die Vorbereitung der nächsten Feier die tragenden Ereignisse sind. In Rösslers «Haus Sudetenland», 85 Betten und einst erbaut für die «Pflege der landsmannschaftlichen Jugendarbeit», kommen nun auch Schulklassen und Sportgruppen, Kirchenkreise und Gewerkschafter. Die Vorstandsherren der Sudetendeutschen Landsmannschaft haben ein Durchschnittsalter von 40 Jahren, und das bedeutet, daß einige darunter in ihrer «Heimat» gar nicht geboren sind und andere sie noch nicht einmal gesehen haben. Waldkraiburger Gründerväter wie Adolf Hammerl hören nicht mehr hin, wenn wirklich noch mal einer markige Sprüche hersagt: «Was die so reden, das ist auch nicht zu verantworten den Jungen gegenüber.»

Im Café Brosch treffen sich abends die Leute aus Braunau, noch eine intakte Heimatgruppe, sagt Hammerl. Aber sie reden dann über Nordfriesland und den Urlaub an der Nordsee, und einer will wissen, ob «man sich denn bei einer Sturmwarnung noch retten kann»? Man kann, einige haben sogar noch gebadet, und da kam auch schon die schwarze Wand.

Den alten Mundarten gibt Hildegard Sattler, die Sozialdemokratin aus Graslitz, keine Überlebenschance mehr. Sogar bei den Egerländern, die ihr Idiom hartnäckiger als alle anderen Volksgruppen verteidigt hätten, «ist es damit nicht mehr weit her. Die singen jetzt Lieder, die sie hier in Bayern gedichtet und vertont haben.» Und selbst das Stammessen hat es schwer.

Die Frau vom Adolf Hammerl kocht noch, was sie gelernt hat, Knödl und Reibedatschi oder Schwammerlsuppe. Aber wenn der Sohn und die Schwiegertochter mal «wieder richtige Heimatkost haben wollen, dann kommen sie nach Hause zu den Alten». Man sollte glauben, im Restaurant «Rübezahl» in der Stadtmitte unter den sudetischen Spezialitäten auswählen zu können, weil dieser Gasthof ja sonst seinen Namen nicht verdient. Aber den «Wildschweinbraten böhmische Art» unterscheidet nichts vom Wildschweinbraten bayrische Art, und die «Spezialitäten des Hauses» sind Kalbsteak oriental sowie Nasi Goreng.

In den Waldkraiburger Schulen wird wohl hin und wieder das alte Thema behandelt: In Werkkunde werden Wappen gebastelt oder Modelle der überlieferten Hausformen. Aber die verlorene Heimat, sagt Realschullehrer Tusche, «ist kein eigenständiges Thema mehr». Da seien jetzt auch so viele junge Lehrer, und die glaubten immer gleich, es habe etwas mit Revanchismus zu tun, wenn sie über die Vertreibung sprechen. Als sich letztes Jahr im Zuge eines bundesweiten Schülerwettbewerbs eine Waldkraiburger Gruppe mit den Gründerzeiten der Stadt beschäftigte, machte es bei der Reproduktion von Dokumenten «Mühe, einen Geldgeber zu finden». Schwindelnd hoch war der Betrag für dieses Kulturwerk nicht: 240 Mark. Grundproblem der Stadtforscher war allerdings, daß viele Bürger, «die hätten Auskunft geben können, bereits verstorben sind».

Auf dem Friedhof, da liegen sie: der Franz Josef Popp aus Habakladran bei Marienbad, der Konrektor i. R. Peter Marscholek aus Beuthen in Oberschlesien, geboren 1878, gestorben 1968, oder Paul Haitsch, den «fern von der Heimat Tatra» die bayrische Erde deckt.

Plagt das Heimweh die Lebenden? «Die ganz Alten leiden noch darunter», sagt Bürgermeister Fischer, 53 und aus Schweidnitz in Niederschlesien. Und ob sie zurück wollen? «Da kriegen sie hier keinen Güterzug zusammen.» Es gibt, sagt Volkshochschulleiter Tusche, «schon ein lebhaftes Interesse daran, wie es heute dort drüben aussieht». Dia-Vorträge und sogenannte Studienreisen sind immer gefragt, «aber die meisten sind dann enttäuscht».

Adolf Hammerl, der siebzigjährige Instrumentenmacher, war vor ein paar Jahren in Graslitz und Silberbach, weil seine Frau unbedingt noch einmal das verlorene Land sehen wollte. Sein Haus stand nicht mehr, das Elternhaus war noch da, «wenigstens äußerlich, aber drinnen sah es verheerend aus». Sein Sohn, der bei der Ausweisung noch ein Kleinkind war, will demnächst auch einmal 'rüber, gewissermaßen der Ordnung halber. «Ich habe ihn natürlich studieren lassen», sagt Vater Hammerl, und nun ist er Steuerberater «und hat sogar zwei Praxen». Den zieht es nicht zurück, und auch sonst habe «niemand danach ein Verlangen».

Keiner in der Runde, die beim SPD-Fraktionschef Heubl am Tisch sitzt, läßt daran Zweifel aufkommen. Es sind Sozialdemokraten alten Schlages, die eigentlich, weil ihre Art bedroht ist, unter Denkmalschutz gehörten. Wie Josef Brix, der jetzt 56 ist und auch neulich zum ersten Mal wieder ins Sudetenland fuhr. Aber «es hatte sich alles total verändert, die Häuser sind abgebrochen. Da können wir genauso gut nach Italien fahren, da scheint wenigstens die Sonne.»

Er macht keine Scherze damit, es klingt bitter. Und es tut ihm doch weh, wenn er von früher erzählt, vom Sudetenland und dieser Vertreibung und seine Tochter dann sagt: «Hör scho auf, des is a Schmarrn.»

3

Joachim Reimann

«Wir missionieren bis an die Memel»

Die Vertriebenenverbände

Die Kieler Ostseehalle war bis auf den letzten Platz gefüllt, über 5000 Teilnehmer hatten sich zu einer «nationalen Feierstunde» eingefunden. Eine ehemalige Militärkapelle spielte Märsche und «Lieder einer größeren Zeit», Redner beschworen in markigen Worten den «unauslöschlichen Reichsgedanken» und das «ganze Vaterland». Am Ende «klang die in größter Disziplin verlaufene Kundgebung», so ein Bericht der Veranstalter, «mit dem Großen Zapfenstreich und allen drei Strophen des Deutschlandliedes aus».

Das nahm sich, in Rahmen und Reden, wie ein Rendezvous von Rechtsextremen aus, war jedoch eine Wahlveranstaltung westdeutscher Vertriebenenpolitiker: So patriotisch und pathetisch zog, im Juli 1953, der Gesamtdeutsche Block/Block der Heimatvertriebenen und Entrechteten (GB/BHE) in den Kampf um die Mandate für den zweiten Deutschen Bundestag. «Wir sind», sprach der BHE-Gründer Waldemar Kraft, «die einzige neue, echte und moderne politische Partei mit Volksgemeinschaftscharakter und gesamtdeutschem Anspruch.» Diese Volks-Partei der Flüchtlinge, Ausgebombten und Währungsgeschädigten warb, gut drei Jahre nach ihrer Entstehung in Schleswig-Holstein, kaum noch mit ihrem sozialpolitischen Repertoire aus Eingliederungsfragen und Entschädigungsproblemen. Ihr ging es schon um das «Schicksal der verstümmelten Nation» (Kraft).

Noch als reine Interessenpartei des Lastenausgleichs und der Wohnraumbeschaffung hatte der Vertriebenen-Block

74

drei Jahre zuvor in seinem Ursprungsland aus dem Stand einen fast sensationellen Landtags-Wahlerfolg mit 23,4 Prozent der Stimmen erzielt und war mit zwei Ministern (für Finanzen und Soziales) in die Kieler Landesregierung eingezogen. Und nach seiner raschen Ausbreitung in fast allen Bundesländern und weiteren Wahlerfolgen schien der BHE «den Durchbruch des 5. Standes in das politische Leben der Deutschen» zu markieren, wie die «Gewerkschaftlichen Monatshefte» verblüfft kommentierten.

Doch Mitte der fünfziger Jahre streifte die Flüchtlingspartei das Proletarier-Image ab, um Größeres, Gesamtdeutsches zu bewegen. BHE-Politiker wie der ehemalige schlesische Gutsbesitzer Fridrich von Kessel, der in Niedersachsen zum Landwirtschaftsminister avancierte, fühlten sich nun berufen, «dem deutschen Volk wieder ein echtes Nationalbewußtsein beizubringen». Das neue Parteisymbol des Gesamtdeutschen Blocks, Berlins Brandenburger Tor, kennzeichnete die neue Marschrichtung.

Der Ostpreuße und BHE-Mitgründer Alfred Gille, einst bei der NSDAP und der SA, wollte, daß «der Blick nicht endet an der Oder-Neiße-Linie, sondern bis in die Räume hineingeht, wo deutsche Menschen Jahrhunderte gelebt und abendländische Kultur geschaffen haben». Für viele Vertriebene zählte zu den Räumen auch das tschechische Böhmen und Mähren, denn da «saßen bereits unsere Vorfahren», wie ein Bundestagsabgeordneter 1953 vortrug, «als die Bringer einer Überkultur aus dem Osten noch nomadisierend in der Gegend des Unterlaufs der Wolga herumtobten.»

Der Sudetendeutsche Frank Seiboth, einst NSDAP-Gauschulungsleiter und nun einer von 27 BHE-Abgeordneten im 1953 gewählten Bundestag, reklamierte die Rückgewinnung und Rückbesiedlung der verlorenen Ostprovinzen gar mit Argumenten, die einen Vergleich mit der nationalsozialistischen «Volk ohne Raum»-Ideologie aushalten: Die durch den Millionen-Zustrom von Flüchtlingen angeschwollene Bevölkerung Westdeutschlands dürfe man, dozierte

Seiboth auf einem BHE-Parteitag, «auf keinen Fall mit einer Drosselung der Bevölkerungszahl» dezimieren, weil «der Osten uns biologisch sowieso zu ersticken droht».

Vielmehr müsse der deutsche Osten, so Seiboth, der es später zum Staatssekretär im hessischen Landwirtschaftsministerium brachte, «wieder die Kornkammer des Reiches» werden, «damit wir in der Enge des halben Deutschland nicht ersticken». Seine Rede beschloß der Bevölkerungsstratege voller Sendungsbewußtsein: «Wir missionieren für Deutschland! Von der Saar bis an die Memel!»

Das waren Perspektiven und Zeiten, von denen Vertriebenenprofis heutzutage nur träumen können – die Jahre des Kalten Kriegs und des militanten, kreuzzugartigen Antikommunismus: Jahre, in denen sich die junge westdeutsche Republik wieder bewaffnete und in das westeuropäische Verteidigungsbündnis integrierte.

Kaum hatte Konrad Adenauers Teilstaat das Besatzungsstatut abgeworfen und die innen- wie außenpolitische Souveränität erlangt, 1955, da erhob er sich auch schon mit der (nach dem damaligen Kanzleramts-Staatssekretär benannten) Hallstein-Doktrin zum einzigen Rechtsnachfolger des untergegangenen Deutschen Reichs mit diplomatischem Alleinvertretungsanspruch. Das ostdeutsche Nachbargebilde unter Wilhelm Pieck und Walter Ulbricht galt derweil noch als «Sowjetzone» oder Gänsefüßchen-«DDR», Polen als illegaler Verwalter deutschen «Reichsgebiets».

Da war die Rückkehr der «reichsdeutschen» Vertriebenen nach Pommern, Schlesien oder Ostpreußen noch nicht zur Schimäre verblaßt; für Optimisten schien sie vielmehr eine durchaus realistische Vorstellung zu sein. Politiker aller in Bonn präsenten Parteien – die KPD wurde 1956 für verfassungswidrig erklärt und verboten – sparten nicht mit feierlichen Gelöbnissen und Gebietsansprüchen rechtstheoretischer Art. Auch die SPD stand noch stramm zur Parole ihres 1952 verstorbenen, aus Westpreußen stammenden Führers Kurt Schumacher: «Die deutsche Sozialdemokratie wird um jeden Quadratmeter des Landes jenseits von Oder und Neiße . . . . einen zähen Kampf führen.»

Solange die westdeutsche Ost-Außenpolitik vom «Wandel durch Annäherung» (SPD-Vordenker Egon Bahr) noch meilenweit entfernt war, nahmen christliche wie sozialistische Demokraten den großdeutschen Verbalradikalismus von Vertriebenenpolitikern und Verbandsfunktionären ebenso gelassen hin wie die Tatsache, daß deren Organisationen von Ex-Nazis reichlich durchsetzt waren. Und solange Vertriebenenpolitiker im Bonner Bürgerblock der Adenauer-Kabinette mitmischen durften, hatten die revanchistischen Reden offenbar auch einen gewissen Zweck:

Die Vertriebenen sollten, wie das der Sudeten-Sprecher Walter Becher, einer der schärfsten Agitatoren, später beschrieb, stets «zwei Lautstärken lauter sein als die Bundesregierung, damit die Bundesregierung einen Ton stärker werden konnte». Die Megaphonfunktion entsprach in den Jahren der Westorientierung und Remilitarisierung ganz generell der gesellschaftlichen Rolle der Vertriebenenverbände als Speerspitze der psychologischen Kriegsführung.

Vertriebenen-Ultras forderten damals nicht die «Wiedervereinigung», sondern die «Befreiung» der «Russenzone», sie schürten Aggressionen und schufen Feindbilder. «Sehen wir denn nicht», so tönte Adenauers Verkehrsminister Hans-Christoph Seebohm, dessen Sonntagsreden maßgeblich zu den Revanchismus-Anwürfen aus Warschau, Prag und Ost-Berlin beitrugen, 1958 auf dem Stuttgarter Sudeten-Treffen, «wie aus dem Osten die Tollwut auf uns zukommt? Wir sollten die Zeichen erkennen, aber wir stecken den Kopf in den Sand und in den Freßnapf.»

Schon 1951 stellte sich das *Ostpreußenblatt* vor, «daß nur eine starke Wehrmacht den Frieden schützen kann». Und schon 1948 glaubte Theodor Oberländer, der spätere Vertriebenenminister Adenauers mit tiefbrauner Hypothek, daß die Westdeutschen zur «Überwindung des Bolschewismus» sowohl ein «Programm zur politischen Kriegsführung bis zum Ausbruch des Waffenkrieges» als auch eines «zur

Unterstützung des Waffenkrieges» benötigen würden (so Oberländer in einem Brief an den Fürsten zu Waldburg-Zeil).

Zehn Jahre später, als der junge Verteidigungsminister Franz Josef Strauß Pläne für eine «psychologische Verteidigung» avisierte, bot sich ihm die CSU-nahe katholische Ackermanngemeinde der Sudetendeutschen mit ihrem «kostbaren politischen Kapital» aus Erfahrungen an: «Wir haben», empfahlen sich die Ackermänner, «gegen die heimatlose Linke die heimatvertriebene Rechte.»

Und zur selben Zeit klang bei der «Sudetendeutschen Aktion» in München, die sich an die Spitze der Aufrüstungspropagandisten gestellt hatte, gar so etwas wie latente Kriegsbereitschaft durch: «Wir haben schon einmal betont», so tönte es neuerdings: «Wir werden Eger und Reichenberg nicht im Lottospiel gewinnen. Westdeutschland wird modern rüsten, und der dynamische Bundesminister Strauß wird hierfür grünes Licht erhalten.»

Die Gelegenheit schien einigen offenbar recht günstig. Immer wieder berichtete die Vertriebenen-Presse über angeblich verwahrloste, «halb menschenleere» Landstriche im ehemals deutschen Osten, wo unter den polnischen und tschechischen Neu-Siedlern eine «Auswanderungspsychose» grassiere. Aber auch der «Göttinger Arbeitskreis» vertriebener Wissenschaftler und Publizisten beschrieb 1958 Posen und Pommern als «Zone des allgemeinen Verfalls», die «wie eine schwärende Wunde die Gesundung Europas verhindert». Wie auch immer die programmierte «Neukultivierung und Kolonisierung» («Göttinger Arbeitskreis») des verlorenen Terrains zustandekommen sollte, die Vertriebenenprofis fühlten sich jedenfalls für die politisch-ideologische Auseinandersetzung wie für alle nationalen Belange geradezu prädistiniert. Als Legitimation dienten die «entscheidenden Jahre», in denen sie einen «Damm gegen das weitere Vordringen des Bolschewismus errichtet haben» (Oberländer), und ihre weltanschauliche Immunität: «Niemand» war nach ihrem Selbstverständnis «so gefeit gegen

78

kommunistische Infiltration wie die, die der Bolschewismus leibhaftig in seinen Klauen hatte» (Seiboth).

Sie begriffen sich denn auch als «Elitebataillon im abendländischen Entscheidungskampf» (so der sudetendeutsche CSU-Bundestagsabgeordnete Hans Schütz), als «Träger der besten Werte von Volkstum und Menschentum» überhaupt (Sudete Becher) oder, etwas salopper, als «Sauerteig des deutschen Volkes» (Sudete Karl Anton Prinz Rohan).

Zu den Allerbesten zählten sich die Mitglieder des rechtslastigen sudetendeutschen Witikobundes, der nach dem Vorbild der Freimaurerlogen verdeckt in anderen Organisationen wirkte – «in kleinen Gruppen von geistiger Disziplin», die sich, so der Publizist Emil Franzel, der Konkurrenz «um eine Weltsekunde voraus» wähnten.

Das «Heimatrecht», für das es weder in den politischen Vorstellungen der alliierten Siegermächte noch im Völkerrecht eine Grundlage gab, wurde zum «naturrechtlichen und gottgewollten Ordnungsprinzip» erhoben und mit «inneren Gesetzen» verbrämt. Bei Sonntagsredner Seebohm nahmen die überirdischen Anleihen gelegentlich fast biblische Dimensionen an: «Nicht um des Besitzes willen wollen wir unsere alte Heimat wiederhaben», verkündete der Verkehrsminister, «sondern um einen Auftrag zu erfüllen, den Gott Adam schon im Paradies gegeben hat.»

Vor allem der Vertriebenenblock BHE wähnte sich auf dem Höhepunkt seiner Entwicklung als «berufenster Träger» gesamtdeutscher Anliegen. Parteigründer Kraft, den Adenauer 1953 neben dem Vertriebenenminister Oberländer als «Sonderminister» (ohne sonderliche Kompetenzen) ins Kabinett nahm, betrachtete die «Altparteien» als «Zweckschöpfungen der Besatzungsmächte, die man aus der Mottenkiste der Weimarer Republik geholt» habe. Als «Versager von 1933» verdienten sie nach Ansicht des Ostpreußen kein Vertrauen mehr. «Wir sind», glaubte der BHE-Führer, «die letzte Hoffnung von Millionen.»

Andersherum war das jedoch eher richtig: Die Kraft-Partei richtete ihre Hoffnungen auf die Millionen von

Flüchtlingen und Aussiedlern, die sich, einer Völkerwanderung gleich, in den Westen Deutschlands ergossen hatten und sich hier – vornehmlich in Bayern, Niedersachsen und Schleswig-Holstein – in einer bald kaum mehr überschaubaren Vielfalt von Verbänden und Vereinigungen samt Unter- und Nebengliederungen, berufsständischen und konfessionellen Organisationen formierten.

Heraus ragten am Ende 21 Landsmannschaften (LM), denn neben den großen Gruppierungen der Schlesier, Sudetendeutschen, Pommern und Ostpreußen organisierten sich unter anderem auch Mark Brandenburger, Deutschbalten und Siebenbürger Sachsen, Bessarabien-, Karpathen- und Buchenlanddeutsche, und alle Vereinigungen existieren noch immer.

Doch der großen Vertriebenenbewegung, die sich im Kleinen ausspezialisierte bis etwa zu einer «Vereinigung sudetendeutscher Kinobesitzer» oder dem «Verband früherer Ostmühlen», mangelte es an der Geschlossenheit ihrer Führungsriege. Zehn Jahre lang konkurrierten der «Zentralverband der vertriebenen Deutschen» (ZvD; ab 1951: «Bund der vertriebenen Deutschen», BvD) und die «Vereinigten ostdeutschen Landsmannschaften» (VOL; ab 1952: «Verband der Landsmannschaften», VdL), ehe sie sich, im Dezember 1958, zum «Bund der Vertriebenen» (BdV) zusammenschlossen.

Persönliche Rivalitäten und der parteipolitische Opportunismus etlicher Verbandsfunktionäre förderten zu lange den «verderblichen Organisationszwiespalt» – so der langjährige ZvD/BvD-Vorsitzende Linus Kather, selber einer der umstrittensten und ehrgeizigsten Vertriebenenpolitiker, der von der CDU zum BHE wechselte und am Ende seiner politischen Laufbahn für die NPD und die nationalistische «Aktion Widerstand» agitierte.

Zwar einigten sich die beiden ursprünglichen Dachorganisationen auf eine Art kooperative Aufgabenteilung: Der landsmannschaftlich übergreifende ZvD/BvD sollte sich um die sozial- und wirtschaftspolitischen Existenzfragen der

80

Vertriebenen kümmern und sich den Behörden, Parlamenten und Parteien als «Ergänzungsbürokratie» anbieten; die Landsmannschaften wollten derweil den kultur- und heimatpolitischen Part übernehmen und verhindern, daß die Landsleute «den Blick für das große Ziel, die Rückkehr, verlieren» (so Erich Mende aus Groß-Strehlitz, Mitgründer der LM Oberschlesien, später FDP-Vorsitzender und Bundesminister für Gesamtdeutsche Fragen).

Gemeinsam formulierten Verbandsfunktionäre und LM-Sprecher auch die «Charta der deutschen Heimatvertriebenen» vom August 1950, ihr oft berufenes, beinahe sakrosanktes Bekenntnis zur Friedfertigkeit: «Wir . . . verzichten auf Rache und Vergeltung. Dieser Entschluß ist heilig . . . »

Und einig waren sie sich vor allem in der zentralen Frage ihrer materiellen Absicherung: Bei der Ausformung des 1952 vom Bundestag verabschiedeten Gesetzes über den Lastenausgleich (LAG), dem eine Unsumme von Novellierungen folgte, fungierten Verbände und Vertriebenenpolitiker zum erstenmal offen als Lobby und politische Pressuregroup. Sudetenführer Schütz, CSU-MdB, konstruierte ungeniert eine ideologische Klammer, als er forderte, die Vermögensumschichtung zugunsten der Vertriebenen müsse «in ihrem Wesen Bollwerk Nummer eins gegen den Bolschewismus werden». Und CDU-MdB Kather, der bei der Gelegenheit schon mit seinem Übertritt zum BHE drohte, behauptete, ein «gerechter» Lastenausgleich sei der «sicherste Wall gegen den Bolschewismus».

Die überaus erfolgreiche LAG-Lobby war vermutlich der gewichtigste Beitrag der Vertriebenen zum politischen Geschehen in der Bundesrepublik. Mit einem Gesamtvolumen von fast 150 Milliarden Mark geriet der Lastenausgleich laut Bayerns früherem Sozialminister Fritz Pirkl zur «größten legalen Vermögensverwaltung in der Menschheitsgeschichte». Die Abwicklung der letzten LAG-Fälle wird, so schätzen Experten, noch bis zum Jahre 2040 dauern.

Doch bei allem Konsens in Versorgungsfragen – im politischen Tagesgeschäft rivalisierten die Vertriebenenprofis um Wahl-Listenplätze oder Behörden-Posten, etwa in Lastenausgleichs-Ämtern. Als die Stärkeren in dem Gerangel erwiesen sich meist die dominierenden Landsmannschaften, vor allem die Schlesier und Sudetendeutschen, die sich von Anfang an nicht nur als kulturelle und karitative Vereinigung, sondern mehr als politische «Volksgruppenorganisation» begriffen.

Das ideologische Konzept trug ursprünglich fast totalitäre Züge: Der Landsmann, ob drüben oder hüben geboren, gehörte einer «Schicksalsgemeinschaft» an, der er «verhaftet bleiben muß», weil sie «zur gegebenen Zeit in die Waagschale der Geschichte geworfen werden soll»; die Landsmannschaft als «Kraftzentrum», das «seelische Kräfte austrahlt», umfaßte «jeden einzelnen», in «allen seinen Lebensbereichen» (so die Festschrift zum Sudetendeutschen Tag von 1950).

Jedem einzelnen wurde überdies eingeschärft, daß er dem Schicksalsbund «in zweierlei Eigenschaft» angehöre – als Mitglied einer «Gebietsgliederung» (Wohngemeinde) und einer «Heimatgliederung» (Heimatgemeinde). «Wir sind», so beschrieb 1952 der Schlesier Oskar Wackerzapp, CDU-MdB, die Doppel-Existenz, «nicht nur Bürger der Bundesrepublik geworden, sondern gleichzeitig Bürger unserer Heimatgemeinde geblieben.»

Den «Heimatgliederungen» oder «Heimatkreisen» oblag indes die Hauptrolle: Sie sollten die Fiktion des Weiterbestehens (und Weiterfunktionierens) der alten administrativen Strukturen aufrechterhalten. Sie verstanden sich denn auch häufig als «Fortsetzungskörperschaften, wie wir sie zuhause hatten» (so, etwas holperig, die Pommersche «Heimatkreisverordnung»).

Die Landsmannschaften richteten, wie in einem Operettenstaat, Kreis- und Städtetage aus, konstituierten «Abgeordnetenversammlungen» und «Exilparlamente» mit Ausschüssen und Ältestenräten, ernannten Minister und komplette Kabinette. Gelegentlich versuchten sich Verbandsexperten auch in «ergänzender Außenpolitik», etwa indem sie Ministerialbeamte oder Parlamentarier im Vorfeld internationaler Konferenzen zu «Schulungsabenden» luden – für die «Feinabstimmung unter Eingeweihten».

Das ganze Theater suggerierte quasi-staatliche Hoheitsfunktionen. Fehlte der «Volksgruppenvertretung» zwar «vorläufig die tatsächliche Gewalt über ein Gebiet», postulierte damals der Sudetenfunktionär Fritz Wittmann, heute CSU-MdB und bayrischer Landesvorsitzender des Vertriebenenbundes, «so kann sie doch vom Staat delegierte Gewalt zunächst über die in Westdeutschland lebenden Sudetendeutschen ausüben».

Versuche einiger Landsmannschaften, den Status einer Körperschaft des öffentlichen Rechts zu erlangen, schlugen freilich ebenso fehl wie die Forderung nach einer verfassungsrechtlichen Verankerung ihrer ehemaligen Territorien im Grundgesetz oder das Verlangen nach sogenannten «stummen Sitzen» im Bundesrat als Vertreter von «Volksgruppen zur Zeit ohne Raum». Die Landsleute mußten sich mit der pseudo-staatlichen Darbietung zufriedengeben.

Immerhin: Hunderte von Patenschaften mit westdeutschen Kommunen – den Anfang machten, schon 1950, Goslar und das schlesische Brieg – verliehen den «Heimatgemeinden» der Vertriebenen eine Art repräsentative Weihe. Da durften ihre «Heimatausschüsse» auch schon mal beratend an Kreistags- oder Stadtratssitzungen teilnehmen. Die Patenschafts-Kommunen richteten ihnen «Heimatstuben» ein, benannten Straßen, Plätze und ganze Siedlungen nach ostdeutschen Dichtern und Denkern.

In der westdeutschen Vertriebenenszene schien das innige Landsmannschaftstreiben jedenfalls eine konforme Interessenlage der Neubürger zu reflektieren – und das mußte einer Vertriebenenpartei wie dem BHE geradezu wie eine politische Futterkrippe vorkommen, war doch der Block überdies mit den Verbänden vielfach in Personalunion verflochten.

Doch die großen Hoffnungen trogen gründlich, das stattliche Wählerpotential der Vertriebenen sicherte dem BHE – Ironie des Geschehens – keineswegs eine Dauerexistenz. Schon bei der Bundestagswahl von 1953 erzielte die Partei nur 5,9 Prozent Stimmenanteil, weit weniger als erwartet; vier Jahre danach scheiterte sie bereits mit 4,6 Prozent an der Sperrklausel und verschwand für immer von der Bonner Bühne.

Der Block der Heimatlosen blieb, so erwies sich, eine parteihistorische Episode. Schon Anfang der 60er Jahre war die euphorisch gestartete Partei «zu einer Gesinnungsgemeinschaft alter BHE-Veteranen geschrumpft», wie der West-Berliner Politologe Richard Stöss in einer BHE-Monographie resümiert.

Der Vertriebenenführer Linus Kather wertete es später in einem verbitterten Rückblick («Die Entmachtung der Vertriebenen», 1964) als «eines der merkwürdigsten Phänomene der Geschichte», daß Millionen von Heimatvertriebenen in der Bundesrepublik «aufgegangen» seien, «ohne einen eigenständigen politischen Willensfaktor von Dauer und Gewicht entwickelt zu haben».

Doch so seltsam ist der Vorgang auch wieder nicht, seine tieferen Ursachen sind vielmehr offenkundig: Mit der fortschreitenden Integration der Flüchtlinge in das Land des aufkeimenden «Wirtschaftswunders» (zu dem sie selber einen bemerkenswerten Beitrag leisteten) verflüchtigten sich die Sehnsüchte der Neubürger nach ihrer alten Heimat. Und im selben Maß wie der BHE als ursprüngliche «Notstandspartei» (so der Politologe Jürgen Habermas) dazu beisteuerte, die Vertriebenen im bürgerlichen Lager Westdeutschlands zu etablieren, machte er sich am Ende entbehrlich und verlor sein Fundament.

Das «Unglück unserer Partei» sah der BHE-Mitgründer Hans-Adolf Asbach aus Pommern schon 1955 darin, «daß wir zwar ungezählten Tausenden Hoffnung, Beschäftigung und Verdienst geschaffen haben, daß sich diese aber den saturierten Kreisen zuwandten und jegliche politische Aktivität vermissen lassen». Asbach: «Das deutsche Volk ist immer noch seelisch krank und umtanzt derzeit das goldene Kalb.»

Gescheitert war überdies der Versuch, den Heimat-Block mit einer nationalistischen Rezeptur am Leben zu erhalten. Denn auch die deutschlandpolitischen Positionen schienen den Vertriebenenwählern offenbar noch besser bei der CDU/CSU aufgehoben, in deren Reihen sich eh immer mehr Vertriebenenpolitiker tummelten.

Der BHE erfüllte, wie Wissenschaftler seine historische Rolle beschreiben, eine «Transportfunktion»: Er gab die rechtskonservativen Kräfte, nicht nur Vertriebene, die er anfangs auf sich gezogen hatte, wie gebündelt an die Unionsparteien weiter – Wähler wie Scharen von Mitgliedern und Mandatsträgern. Die Vertriebenenfunktionäre wurden, von der vergleichsweise verschwindend geringen Zahl der SPD-Anhänger abgesehen, zu einem «gefundenen Fressen für die CDU» (Kather).

Fast alle Landsmannschafts-Sprecher und namhaften BdV-Funktionäre standen oder stehen seitdem im Lager der Union, wie heute Ober-Schlesier Herbert Hupka und BdV-Präsident Herbert Czaja, beide CDU-Bundestagsabgeordnete, oder der Sudeten-Vormann Franz Neubauer, bayrischer CSU-Staatsminister für Arbeit und Soziales. Und heute wie einst decken Vertriebenenpolitiker im Bonner Parlament den rechten Rand der Unions-Fraktion ab.

Mit einer neuen Parteigliederung «Union der Vertriebenen und Flüchtlinge» (erster Vorsitzender: der damalige Präsident der Bundesanstalt für Arbeit, Josef Stingl) ernannte sich die CDU 1969 zur «politischen Heimat für alle Heimatlosen». Bald war aber auch der laut Satzung überparteiliche Bund der Vertriebenen nach dem Eindruck der *Süddeutschen Zeitung* zum «politischen Anhängsel der Union» degeneriert. Die kleine, der SPD nahestehende Seligergemeinde der Sudetendeutschen hielt den BdV-Führern vor: Es sei «der Zeitpunkt nicht mehr fern, wo die Vertriebenen mit Recht in die rechte Ecke gestellt werden».

Fraglich, ob der erste CDU-Kanzler Konrad Adenauer wirklich ein Herz für die Heimatlosen hatte: «Wir wollen», beklagte er sich gelegentlich über die Anstellung schlesischer Schulräte in seinem Rheinland, «den ostischen Geist hier nicht haben.» Doch für die Bonner Politik kamen dem CDU-Vorsitzenden die Vertriebenen allemal zupaß, um knappe Mehrheiten zu sichern und die Sozialdemokraten zu isolieren.

Fraglich auch, ob Adenauer je ernstlich an den Realitätsgehalt der Heimat-Parolen glaubte – doch die CDU nutzte den Ost-Drang der Vertriebenenprofis fast 20 Jahre lang als wahlpolitisches Kampfinstrument. «Meinetwejen nennen Sie es Illusionen», vertraute sich der Kanzler einem Intimus an, «aber wat jlauben Sie wohl, wat für eine Rolle Illusionen so in der Weltjeschichte spielen.»

Der Mann, der Adenauers CDU die Vertriebenen zuführte und der zur Symbolfigur für die Rechtslastigkeit dieser Liaison wurde, war Theodor Oberländer, der Ressortminister von 1953 bis 1960. Der promovierte Land- und Volkswirtschaftler aus Thüringen war einst beim Hitler-Putsch von 1923 mitmarschiert und 1933 der NSDAP beigetreten, hatte als Reichsführer des Bundes Deutscher Osten (BDO) und als Ostexperte der Wehrmachts-Sondereinheit «Nachtigall» maßgeblich zur «rücksichtslosen Germanisierung» der östlichen Nachbarn beigetragen.[*]

Beim BHE, bei dem auch Oberländer seine politische Nachkriegskarriere zunächst angelegt hatte, galt selbst eine problematische NS-Belastung ohnehin als Belanglosigkeit. Die Partei gab sich vielmehr ungeniert «als Auffangbecken»

---

[*] Im April 1960 verurteilte das Oberste Gericht der DDR Oberländer in Abwesenheit zu lebenslänglicher Haft wegen «fortgesetzt begangenen Mordes» und «fortgesetzter Anstiftung zum Mord», der im Sommer 1941 in Lemberg durch die «Nachtigall»-Einheit an mindestens 3000 Personen begangen wurde; Oberländer ließ, wozu ihm das Bonner «Gesetz über die innerdeutsche Rechts- und Amtshilfe in Strafsachen» die Möglichkeit bot, das DDR-Urteil für wirkungslos erklären.

für Ex-Nazis zu erkennen, sofern «der Betreffende sauber und anständig» erschien und sich formal zur Demokratie bekannte. Ihre Führungsschicht, die sich dann teilweise in der CDU/CSU wiederfand, bestand buchstäblich von A (wie Asbach, Hans-Adolf, BHE-Landesvorsitzender und von 1951 bis 1957 Arbeitsminister in Schleswig-Holstein) bis Z (wie Ziegler, Wilhelm, BHE-Mitgründer und -Landtagsabgeordneter in Hessen) aus ehedem aktiven Nationalsozialisten.

Dem unbekümmerten Tête-à-tête mit früheren NS-Aktivisten entsprach ein unter Vertriebenenfunktionären weit verbreitetes, aber ebenso verzerrtes Geschichtsbild: Aus ihrer Sicht hatte das Vertreibungsschicksal keinen Zusammenhang mit Hitlers Gewaltregime und dem Eroberungskrieg, es wurde vielmehr ausschließlich den Sowjetbesatzern angelastet. Wie viele seiner Landsleute hielt beispielsweise der Sudete Johannes Strosche, der im bayrischen Kultusministerium Ministerialrat und Referent für «Ostkunde» im Schulunterricht wurde, die Vertreibung für einen «satanischen Plan des Kremls». Dessen Ziel, laut Strosche: «Vermassung, Verproletarisierung und Radikalisierung» im überfüllten Westdeutschland als «Nährboden des bolschewistischen Welteroberungsplans».

Die haltlose, gelegentlich aber auch zweckdienliche These verfocht insbesondere Vertriebenenminister Oberländer – ausgerechnet er, der einst im Einsatz an der Ostfront «Umsiedlungen» aus «rassischen und völkischen» Gründen propagiert hatte (und sich damit geradezu für spätere Rechtfertigungen der sowjetischen Aussiedlungspolitik anbot).

Ex-Nazi Oberländer blieb freilich auch bei der CDU unbehelligt und wurde ebenso langmütig toleriert wie der Jurist und Kanzleramts-Chef Hans Globke, der einst die NS-Rassengesetze in Kommentaren verschärfte, oder der Jurist, Ministeramts-Nachfolger Oberländers und erste BdV-Präsident Hans Krüger, der sich erst zurückzog, 1964, als seine Tätigkeit als Sonderrichter während des Krieges aufkam.

Oberländer brachte es sogar fertig, die Schlüsselpositionen seines Ministeriums systematisch mit ehemaligen Nationalsozialisten zu besetzen. Adenauer hielt trotz aller Vorwürfe an dem Minister fest, den er für einen profunden Kenner Osteuropas hielt. Und der durchtriebene Karrierist konnte vor seinen alten BHE-Gefährten protzen: «Seitdem ich Mitglied der CDU bin, kann ich direkt zum Alten gehen, wenn ich etwas will.»

Das Privileg war aber offenbar auch ein Dank dafür, daß Oberländer nicht nur die Spaltung des BHE betrieben, sondern sich auf Drängen Adenauers auch unermüdlich für die Vereinigung der Vertriebenenorganisationen eingesetzt und dabei den Einfluß der CDU/CSU gesichert hatte. Die Union hoffte, sich den BdV, dessen erster Vorsitzender Krüger (CDU) schon das «Staatswohl als Richtschnur» ausgab, als zweitgrößten Interessenverband neben dem Gewerkschaftsbund nutzbar zu machen.

In der Tat mauserte sich die Vertriebenenbewegung – Ende der 50er, Anfang der 60er Jahre – von einer mehr sozialpolitischen zu einer mehr außenpolitischen Pressuregroup, die freilich auch Druck bei Unionspolitikern machte. Denn: In den Jahren stellte das Bonner Auswärtige Amt unter den CDU-Ministern Heinrich von Brentano und Gerhard Schröder die ersten zaghaften Überlegungen für nachbarschaftliche Beziehungen zu Polen und der CSSR an. Vertriebenenprofis, die ahnten, daß sich allmählich eine konstruktive Ostpolitik anbahnen würde, zeterten bereits «Verrat» und «Verzicht».

Mit dem bösen Schimpf «Verzichtpolitiker», einer bewußten Anspielung auf die «Erfüllungspolitiker» der Weimarer Republik, belegten radikale Vertriebenenredner von da an fast jeden, der auch nur vage verdächtig schien, deutschen Boden preisgeben zu wollen – den SPD-Staatsrechtler Carlo Schmid wie CDU-Kanzler Adenauer, den SPIEGEL wie den katholischen *Rheinischen Merkur*, Pastor Martin Niemöller wie alle Verfechter der EKD-Denkschrift zur «Lage der Vertriebenen» des Jahres 1965.

Zwar saßen zu der Zeit, 20 Jahre nach Kriegsende, auch die größten Heimkehr-Optimisten nicht mehr auf gepackten Koffern. Ihre Propagandisten hatten sich längst auf Bürosesseln beruhigt, und Rückkehr-Parolen waren, wenn nicht bloß Floskeln, allenfalls Ausdruck der Hoffnung auf politische Umwälzungen im kommunistischen Machtbereich.

Realistische Vertriebenenpolitiker wie der Sudetendeutsche Wenzel Jaksch (SPD) hatten sich ohnehin ideologisch neu orientiert: Sie setzten auf eine Art ökonomische Aufweichungsthese und hofften, daß in den Ostblockländern früher oder später die «Diktatur des Proletariats von der Herrschaft des Rechenstifts abgelöst» werde (Jaksch). Ansprüche und Angriffe der Vertriebenen richteten sich kaum mehr gegen die polnische oder tschechische Führung, sondern fast ausschließlich gegen die Sowjetmacht. An die Stelle des individuellen «Heimatrechts» und der Rückgewinnungsparolen traten kollektives «Volksgruppenrecht» und die Wunschvorstellung von einer Neuordnung Osteuropas. «Passen wir unsere Forderungen», formulierte 1960 beispielsweise der sudetendeutsche Walter Stain, damals Arbeitsminister in Bayern, «dem Europagedanken an, indem wir nicht mehr von Grenzen, sondern nur noch vom Recht auf Selbstbestimmung sprechen.»

Doch auch angepaßt an den Europagedanken mochten die Reichs-Vertriebenen keinesfalls zulassen, daß auf ihrer alten Scholle etwa den polnischen Neusiedlern das gleiche Selbstbestimmungsrecht zuteil werden könnte. So war es dem hessischen Schlesier-Sprecher Friedrich Stein «letzten Endes gleichgültig, was die Polen wollen», denn «in unserer Heimat haben sie nichts verloren». Die Pommersche Landsmannschaft empfahl 1961 gar in Junkermanier, die polnische Neubevölkerung «in Kongreßpolen unterzubringen, und wenn es um den Lebensunterhalt geht, so hätten wir nichts dagegen, wenn die Polen bei uns Arbeit suchten».

Klar, daß radikale Vertriebenenprofis auf keine Krume verzichten wollten und mit dem Pommer-Sprecher Oskar Eggert einen «Zweifrontenkrieg nach außen und innen» führten – nach außen gegen die «Bolschewisten», nach innen gegen «linksintellektuelle Stänkerer», «schräge Politiker» und «anationale Verzichtler jeder Couleur» (so Eggert, 1962). «Verzichtpolitiker», das verlangten im Frühjahr 1963 vier Landsmannschaften gleichzeitig, sollten wegen «hochverräterischer Äußerungen» strafrechtlich belangt werden. Allerdings stützten sie sich dabei auf ein abenteuerliches Gutachten des Würzburger Staatsrechtlers Friedrich August von der Heydte, von dem sich nicht nur Fachleute, sondern auch der Bund der Vertriebenen (BdV) alsbald distanzierte.

Verzichterklärungen jedweder Art würden, so drohte im Bundestag der CSU-Abgeordnete Georg von Manteuffel-Szoege, die Vertriebenen «in die Illoyalität treiben». Auch seien sie unnötig, meinte der Deutschbalte, denn «die Polen glauben ohnehin nicht, daß wir ihnen unsere Ostgebiete lassen». Wie vordem als deutschnationale, so gaben sich die Großsprecher nun als europäische Polit-Missionare. Theodor Oberländer, der Alt-Nazi, stilisierte die Vertriebenen zur «kulturellen Strophantinspritze» für «ganz Europa», die man «dringend» benötige: «Wir sind», so der CDU-Politiker, «der Aufruf, wir sind das Gewissen.»

In ihrer neuen Heimat sollten sich deshalb die ehemaligen Flüchtlinge nach Oberländers Vorstellung «nicht völlig assimilieren», sondern auch das «Abstimmungsreservoir bleiben» für den Fall, daß «das Selbstbestimmungsrecht zum Zuge kommt» – eine doppelbödige Forderung, in der die ganze Widersprüchlichkeit der Vertriebenenpolitik zwischen vollwertiger Eingliederung und ungebrochener Rückkehrbereitschaft zum Ausdruck kam.

Was immer die Vormänner der Vertriebenen beschworen und beteuerten – es entsprach bald kaum mehr der Realität an der Vertriebenenbasis. Glaubten 1953 noch drei Viertel der Pommern oder Schlesier an die Rückkehr, so war es, wie Umfragen ergaben, 1964 nur mehr ein Viertel. Acht Jahre später betrachteten bereits 56 Prozent der Vertriebenen die Unverletzlichkeit der Oder-Neiße-Grenze als richtige und wünschenswerte Voraussetzung für normalisierte Beziehungen zu Polen; nur 24 Prozent hielten sie für falsch.

Auf die Frage, ob auch die Kinder und Enkel der Neubürger als Vertriebene zu gelten haben, antworteten zur gleichen Zeit schon 76 Prozent mit nein und nur 16 Prozent mit ja. Zu keiner Zeit gehörten den Vertriebenenverbänden mehr als zwei von zehn ihrer Landsleute an. Und Wahlanalysen zeigten: Das Wählerverhalten der Vertriebenen entsprach annähernd dem der übrigen Bevölkerung.

Eine Untersuchung der Hamburger Hochschule für Wirtschaft und Politik zum Thema «Junge Vertriebene: Abschied vom politischen Erbe» kam, ebenfalls schon 1972, zu dem Ergebnis: Die Politik der Vertriebenenverbände «verliert zunehmend an politischer Legitimation»; auf Verbandstreffen würden die Funktionäre zuweilen Forderungen im Namen aller Mitglieder erheben, die diese jedoch, so die Hamburger Untersuchung, «in der großen Mehrheit nicht teilen».

Der Schluß liegt nahe, daß schon die spektakulären Pfingsttreffen in den 60er Jahren mehr Machwerk einer radikalen Minderheit waren – trotz aller Pimpfenparaden, Fackelzüge und Seebohmschen Tiraden. Der ehemalige Bergingenieur predigte einen militanten Antikommunismus und schwafelte gern über den «bolschewistischen Kolonialismus». Seine Spezialität: Er wollte nicht etwa die Reichsgrenze von 1937 wiederhaben, sondern die großdeutsche von 1938 – nach der Okkupation des Sudetenlands.

Und wenn eines Tages, so Seebohm zu Pfingsten 1964, «das bolschewistische Kolonialreich in den Staub sinken» werde und die «Rückgabe der geraubten Heimatgebiete» erfolgt sei, dann wollte der Autobahnminister «mit bloßen Füßen dorthin zurückkehren».

Die klotzigen Reden erregten selbst im fernen Washington Mißfallen: Während seines USA-Besuchs im Juni 1964 wurde Bundeskanzler Ludwig Erhard denn auch von US-Präsident Lyndon B. Johnson auf «Mr. Seebohm» angesprochen, dessen Ost-Attacken die amerikanische Entspannungspolitik störten. Erhard wollte den Schaden wiedergutmachen, indem er sich nach seiner Rückkehr demonstrativ zum ostpolitischen Annäherungskonzept seines Außenministers Schröder bekannte und im Bundestag erklärte, es gebe «keine ungeklärten Grenzfragen». Doch die Reaktion fiel anders als erwartet aus: Alle Parteien beeilten sich, den Vertriebenen ihre Gunst zu erweisen.

CSU-Redner Strauß verteidigte ausdrücklich Seebohms «legitime nationale Zwecke», FDP-Sprecher Siegfried Zoglmann – selbst ein sudetendeutscher Scharfmacher, der den rechtsradikalen Witiko-Bund mitbegründet hatte und später bei der CSU aufgenommen wurde – empfahl dem Kanzler frech, sich bei seinen Reden «besser beraten» zu lassen. Für die SPD bekundete Herbert Wehner, daß seine Partei die «Rückkehr der Vertriebenen» unterstütze.

Das blieb noch einige Jahre so: Auch die Sozialdemokraten, die in der Großen Koalition (1966 bis 1969) und schließlich in der ersten Phase der sozialliberalen Koalition (1969 bis 1973) die deutsche Ostpolitik wendeten – Ergebnisse: die Gewaltverzichts-/Grenzanerkennungsverträge mit Polen und der Sowjetunion sowie der deutsch-deutsche Grundlagenvertrag mit der DDR – nahmen erstaunlich viel Rücksicht auf die Heimatvertriebenen.

Bis 1969 schien die Toleranz einigermaßen verständlich: Die SPD stellte damals mit dem Bundestagsabgeordneten Reinhold Rehs vorübergehend den BdV-Präsidenten und hoffte, der Vertriebenenbund würde zur Entspannungspolitik allmählich eine gemäßigtere Haltung einnehmen. Daß wahltaktisches Finassieren kaum von Belang sein würde, konnten die Sozialdemokraten vor der Bundestagswahl von 1969, aus der sie als Sieger und Regierungspartei hervorgingen, zwar nicht voraussetzen, erwies sich jedoch nicht zuletzt wiederum am Fall des BdV-Präsidenten.

Rehs verließ, als der SPD-Vorsitzende und damalige Außenminister Willy Brandt auf dem SPD-Parteitag vom März 1968 in Nürnberg zum erstenmal den Entspannungskurs formulierte («Anerkennung beziehungsweise Respektierung der Oder-Neiße-Linie bis zur friedensvertraglichen Regelung»), demonstrativ den Saal – und wenig später auch die Partei. Im Handumdrehen wurde der Rechtsanwalt Mitglied bei der CDU, nachdem der Vertriebenenbund die bange Frage aufgeworfen hatte, ob denn der Wähler «einer Partei seine Stimme geben kann, die gewaltsam geschaffene Unrechtstatbestände anerkennt».

Für Rehs zahlte sich der fixe Wechsel jedoch nicht aus. Die CDU schanzte dem Überläufer zwar für die Bundestagswahl den bis dahin sicheren Unions-Wahlkreis Verden an der Aller zu, der verlor ihn aber allen Erwartungen zum Trotz an den SPD-Kandidaten und nachmaligen Städtebauminister Karl Ravens.

Im Rückblick gesehen, waren womöglich alle Versuche der SPD, die Vertriebenenfunktionäre um Verständnis für die neue Ostpolitik zu gewinnen, überflüssig – umsonst waren sie in jedem Fall. Als West-Berlins Regierender Bürgermeister Klaus Schütz beim BdV-«Tag der Heimat» 1969 in der Berliner Waldbühne für die Aussöhnung mit Polen warb, wurde er niedergebrüllt: «Verräter», «Kapitulant», «Verbrecher». Ein Jahr später, wiederum war Heimattag in der Waldbühne, ließen die Verbands-Oberen den Bürgermeister schon gar nicht mehr aufs Podium. «Wir wissen, was Herr Schütz sagen will», begründete ein BdV-Sprecher: «Das letztemal brauchte er schon einen Begleitschutz. Diesmal müssen die Veranstalter Herrn Schütz dadurch schützen, daß sie ihn nicht reden lassen.»

Für den Endkampf gegen die Ost-Verträge – Begleitmusik zu den hitzigen Bundestagsdebatten von 1970 bis 1972 – brauchten die Vertriebenen ganz andere Redner: Franz Josef Strauß zum Beispiel, der gerade zur «Rettung des Vaterlands» blies. Der CSU-Vorsitzende heizte im Mai 1970 eine Vertriebenenkundgebung mit 30.000 Teilnehmern auf dem Bonner Marktplatz auf: «Diese Regierung muß umkehren oder verschwinden.» Das klang nur etwas vornehmer als die radikalen Vertriebenenparolen: «Fegt ihn weg, den roten Dreck», oder: «Ostdeutsche sollen sterben, damit Marxisten erben.»

Das Bonner Spektakel, ähnliche folgten, machte nun auch geduldige Genossen stutzig. «Es gibt», erkannte SPD-Geschäftsführer Jürgen Wischnewski, selbst Vertriebener aus Ostpreußen, «eine völlige Solidarisierung mit der CSU.» Dennoch zog die SPD, obschon immer wieder wütenden Anwürfen ausgesetzt («Volksverräter Willy Brandt, heraus aus unserem Vaterland»), daraus nicht die Konsequenzen, die möglich gewesen wären – etwa die Spaltung des Bunds der Vertriebenen.

Den Ansatz dazu, 1970 initiiert durch die Bundestagsabgeordneten Günter Slotta und Manfred Wende, beide Schlesier, die bereits Einladungen für eine Gegengründung verschickt hatten, unterdrückte Fraktionschef Herbert Wehner. Der «Onkel» wollte es sich in der kritischen Situation vor der Ratifizierung der Ost-Verträge durch den Bundestag nicht mit dem BdV verderben.

Die SPD/FDP-Koalition benötigte, bei ihrer hauchdünnen Mehrheit von zwei Mandaten, auch den Ober-Schlesier Herbert Hupka, der noch bis Februar 1972 die SPD-Bank drückte. Der Noch-Genosse, neben dem neuen BdV-Präsidenten Herbert Czaja schon die zentrale Figur unter den Vertriebenenprofis, genierte sich nicht, als Autor des CSU-*Bayernkurier* Stimmung gegen die Ost-Verträge zu machen. Doch Ausschluß-Anträge etlicher SPD-Gliederungen gegen den Rechtsabweichler (Ravensburger Genossen: «Es geht doch nicht, daß solche Vögel bei uns aktiv sind.») blockte Geschäftsführer Wischnewski ab: «Wir dürfen», taktierte er, «keinen Märtyrer schaffen.»

Auch die finanziellen Zuwendungen mochte die SPD den Vertriebenenverbänden vorerst nicht kürzen. Eine entsprechende, von immerhin 40 Koalitions-Abgeordneten unterstützte Petition des Genossen Slotta, gezielt auf Verbände, die «nationalistische Emotionen und eine militante Stimmung erzeugen», blieb beim Innenministerium unbearbeitet liegen. Statt einer amtlichen Reaktion bekam Slotta, der aus Protest gegen Hupka die Schlesische Landsmannschaft verlassen hatte, Dutzende von Drohbriefen.

Die Sanftmut der sozialliberalen Koalition im Umgang mit Vertriebenenpolitikern mag durchaus opportun gewesen sein; gewiß durfte man auch darauf spekulieren, daß die Vertriebenen allmählich zur Ruhe kommen würden, wenn erst einmal die Ost-Verträge unter Dach und Fach gebracht wären. Tatsächlich flachte ihre Widerstandsaktion sogar schon vor der Vertragsratifizierung deutlich ab – vorsichtige Vertriebenenführer befürchteten offenbar, ein klägliches Scheitern des Obstruktionskurses könnte ihr Prestige schmälern. Die Kundgebungen wurden kümmerlicher: Statt der 30.000 Teilnehmer von 1970 kamen zwei Jahre später nur noch knapp 2000 zur Bonner BdV-Demo, die nun auch nicht mehr auf dem Marktplatz, sondern in der Beethovenhalle stattfand. Auf dem regionalen Sektor rührte sich bald fast gar nichts mehr. Oder nur Pusseliges: Die Kasseler Landsmannschaft der Ost- und Westpreußen beispielsweise «verzichtete» im Februar 1971 aus Protest gegen den «falsch verstandenen Entspannugseifer der derzeitigen Bundesregierung» und «mit Rücksicht auf die ostpolitische Lage» auf die «sonst übliche Faschingsfeier» – und veranstaltete statt dessen ein «Preiskegeln mit gemütlichem Beisammensein».

Ernüchternd und enttäuschend mußte es auf die Vertriebenenfunktionäre schließlich wirken, daß sich die CDU/CSU-Fraktion bei der Bundestagsabstimmung über die Ost-Verträge im Mai 1972 mehrheitlich der Stimme enthielt. Jahrelang hatten sie geglaubt, daß sie mit ihren großdeutschen Belangen hervorragend bei der Union aufgehoben seien. Jetzt mußten sie jedoch erkennen, daß sie auch bei den konservativen Parteien Einfluß verloren hatten.

Für die Vertriebenenverbände begann der Abstieg in die schiere Bedeutungslosigkeit, sie gerieten zu beinahe Vergessenen. «Vertriebene gibt es», notierte schon 1970 der mit der Szene wohlvertraute *Zeit*-Journalist Dietrich Strothmann, «grob gesagt, nur noch in den Akten, in Statistiken und auf den Heimattagen. Wirtschaftlich sind sie aufgeso-

gen, sozial eingeschmolzen, politisch machtlos geworden.»
Ihre Pfingsttreffen und Deutschlandtage, die jahrelang zum
Pflichtprogramm von Bundeskanzlern und Landesfürsten
gehört hatten, bekamen allmählich «Schulklassentreffen-
Mentalität», wie die *Frankfurter Allgemeine* 1976 feststellte.
Auch Tausende von Teilnehmern und die Beteuerung von
Berufsvertriebenen, daß nun eine «Bekenntnisgeneration»
das Werk der «Erlebnisgeneration» fortsetzen werde, ver-
mochten nicht darüber hinwegzutäuschen, daß sich da eine
kleine Minderheit mit größtenteils unpolitischen Absichten
präsentierte. Selbst vor wichtigen Wahlen konnten sich die
politischen Parteien die feierlichen Solidaritätsbekundun-
gen von einst ersparen, die regierende sozialliberale Koalition unter Bundeskanzler Willy Brandt hielt schließlich auch
– sichtbarster Ausdruck des Bedeutungsverfalls – das Vertriebenenministerium für überflüssig und gliederte es ins
Innenressort ein.

Daß die professionellen Vertriebenen nach der Bonner
Wende von Helmut Schmidt zu Helmut Kohl Morgenluft
witterten, daß ihnen der neue Kanzler trotz gestriger Schle-
sier-Parolen seine Aufwartung machte, könnte leicht eine
Tatsache vernebeln: Hinter Herbert Hupka und Herbert
Czaja steht nicht viel. Den Hinterbänklern aus der Unions-
fraktion wie anderen Vertriebenenpolitikern geht es womöglich auch nicht so sehr um «unser Schlesien» als um die
eigene Aufwertung und die ihrer Verbände. Ohne die
gelegentlich notwendige (Schein-)Legitimation und ohne
die reichlichen Zuwendungen aus der Bundeskasse wären
die Vertriebenenorganisationen vermutlich bald pleite.

Dem großen Ziel sind sie ohnehin keinen Schritt näher-
gekommen, wenn das überhaupt noch Sache ist. Eher hat
wohl der Vertriebenenexperte Strothmann recht, der nach
dem Schlesier-Spektakel kommentierte: «Ihr Tag X ist ein
St.-Nimmerleins-Tag, die Geschichte, steht zu vermuten,
über sie längst hinweggegangen.»

4

Rainer B. Jogschies
«Stempel drauf und fertig»

Wie man heute Heimatvertriebener wird

Wenn der Abend lang wurde, die steife Stimmung eines
Feiertages wie Weihnachten sich allmählich im Alkohol
löste, erzählten die Eltern von der Heimat – von den
merkwürdig schwerfälligen hohen Tieren mit dem unheimli-
chen Geweih, den Elchen, von reichlichen Blaubeeren im
schwülen Sommer und mannshohem Schnee im Winter.
Dann konnten sie die Zwergschule hinter dem mächtigen
Wald nicht erreichen. Aber es gab daheim auf dem Hof
genug Arbeit – bis der Zweite Weltkrieg sie aus der Jugend
riß.

Es waren für mich Berichte aus einer fremden Welt,
deren Namen ich ohne sie kaum richtig geschrieben hätte:
Uszlöknen. Ich erinnere mich kaum an die Schilderungen
ihres Lebens – nur daran, daß es die innigsten Feiern
wurden, wenn sie den Hamburger Alltag mit glänzenden
Augen vergaßen und kaum mehr in unserer kleinen Miets-
wohnung zu Hause waren. Hier bin ich geboren, in Ham-
burg-Harburg, meine Eltern, Elli Martha und Bruno Alfred, kamen aus Ostpreußen. Neun Jahre nach Kriegsende,
ein Jahr nach Verabschiedung des Bundesvertriebenengesetzes, hatte mein Vater im Juli 1954 noch meine fünf Jahre
ältere Schwester in seinen Vertriebenenausweis eintragen
lassen. Die Mühe machte er sich schon nicht mehr, als ich
ein halbes Jahr später zur Welt kam. Da waren die stillen
Träume von der Heimkehr dem Wiederaufbau gewichen: er
hatte Arbeit und eine Familie zu versorgen, das Geld reichte
sogar für mehr als ein Zimmer. Und in der Öffentlichkeit

wurde die Aufgabe der Besatzungsstatute, die Gründung der Bundeswehr, der Nato-Beitritt und Adenauers Ablehnung des sowjetischen Wiedervereinigungsangebots diskutiert.

Heute ist mein Vater Rentner. Der Vertrag über den Warschauer Pakt wurde gerade erneuert, der frühere Justizminister Jürgen Schmude und der ehemalige Vertreter Bonns in der DDR, Klaus Bölling, denken über den Fortfall des Wiedervereinigungsgebots im Grundgesetz nach – und Bundeskanzler Helmut Kohl gibt den vertriebenen Schlesiern die Ehre, die im Frühjahr mit Ansprüchen an die Ostgebiete lärmten, selbstvergessen bis säbelrasselnd.

Ich bin dreißig jahre alt. Meine Freunde im Süden der Republik witzeln über meine waterkantische Lebensphilosophie. Das flache Land mit all seinen eiternden Industrienarben ist meine Heimat. Ein Leben anderswo, wo die Natur noch nicht «Ökologie» ist, kann ich mir vorstellen – wie sie in den Kindheitserinnerungen meiner Eltern vorkommt. Doch gibt es dies Land des Vergangenen heute noch irgendwo auf der Welt? Sind im Zweiten Weltkrieg nur Menschen vertrieben worden oder danach auch all ihre Chancen, zu einem verlorenen Lebensstil zurückzukehren?

Ich habe mir ein Billett für die Rückkehr in das gelobte Land gesichert, wenn es das denn noch im heutigen sowjetischen Sperrgebiet, in Wäldern mit Elchen und Mittelstreckenraketen gibt. Am ersten Montag im Juni 1985 wurde ich Vertriebener. Was die Gentechnologie niemals fertigbringen wird, hat der Gesetzgeber am 19. Mai 1953 geschafft: die Erblichkeit des Heimatrechtes und dessen Verlustes. Morgens brach ich bei Sonne und lauer Luft auf, nachmittags kehrte ich als Vertriebener nach § 7 Bundesvertriebenengesetz zurück. Der Weg führte mich nicht in endlosen Pferdewagentrecks durch Kampfgebiete, sondern für 3,50 DM mit der U-Bahn nach Barmbek. Im dortigen Ausgleichsamt prüfte die zuständige Sachbearbeiterin, Frau Hansen, wie selbstverständlich das ausgefüllte Formular «auf Ausstellung eines Ausweises für Vertriebene und

Flüchtlinge». Ja, die Hamburger Geburtsurkunde und der Bundespersonalausweis hatten vorgelegen. Nein, ich habe nicht «in der DDR oder in Ostberlin nach dem 8. Mai 1945 einer politischen Partei oder Organisation angehört». «Früher war das alles einfacher», sagt Frau Hansen, «da brauchte einer bloß zu sagen, ich komm' aussem Osten – Stempel drauf und fertig.» Die «knappen Kassen» hätten die Verwaltungsarbeit «schwieriger» gemacht, aber «zu tun gibt es massenhaft». Mein Fall war klar: ich bin Vertriebenenkind und stellte keine sozialpolitischen Ansprüche an diesen Status – ich sei «eingegliedert».

Die Vertriebenenzahlen sind nach 1981 stetig zurückgegangen: von 69000 auf 36000 im Jahr 1984. Doch damit ist das Bundesvertriebenengesetz, das lediglich als unmittelbares Kriegsfolgengesetz gedacht war, 32 Jahre nach seiner Verabschiedung nicht hinfällig. Noch 1981 war jeder 210. Bundesdeutsche Aussiedler der vorausgegangenen fünf Jahre.

In Hamburg leben fast eine halbe Million Vertriebene. Harro Strecker vom Amt für Vertriebene in der Hansestadt sieht denn auch zunehmend Schwierigkeiten, die sozialpolitischen Programmsätze des Vertriebenengesetzes zu verwirklichen: «Der Bund hat sich aus der Finanzierung zurückgezogen und im Land steht auch kein Goldesel.» Er habe Mühe, für vertriebene Ärzte bei der Medizinerschwemme eine Praxiszulassung durchzusetzen oder nach Vertriebenengesetz Landwirten bevorzugt zum Acker und zur Abnahme von Milchquoten zu verhelfen.

Nicht auszudenken, wenn der Widerspruch des Bundesvertriebenengesetzes zwischen kurzfristiger Eingliederungshilfe und unbegrenztem Nachwuchs an Vertriebenen zum Tragen käme: die Kinder arbeitsloser oder um ihre Rente besorgter Vertriebener könnten sich von der um sie werbenden Regierung Kohl zwar in ihren erhörten Vergangenheitserinnerungen bestätigt, doch um ihre nicht erhörten Zukunftschancen betrogen sehen. Sie könnten den Kanzler auf Vertriebenentreffen an die gesetzliche Pflicht «zur Einrichtung von Dauerarbeitsplätzen» erinnern, an die «bevorzugte Vermittlung durch die Bundesanstalt für Arbeit», an die «Befreiung von der Rückzahlung» etwa kassierter Sozialhilfe und anderes, was heute nicht mehr zum Plan einer konsolidierten Republik paßt. Ausgerechnet in der verpaßten Vergangenheitsbewältigung liegen Herausforderungen für die Gegenwart und Zukunft – da würde eine Aktualisierung des Bundesvertriebenengesetzes auf mehr innenpolitische Widersprüche stoßen als eine Streichung der hehren Grundgesetzpräambel. Was, wenn Vertriebene sich nicht mit papiernen Ostlandritten viel Feind und Ehr verschafften, sondern die drei Millionen mit ihren «eingegliederten» Junioren die Randgruppenattitüde aufgäben und den Einfluß mit exponentiell größerer Wählerschar anmahnten, den ihnen Kanzler Kohl heute schon kaum mehr versagen kann?

20 000 Hamburger sind Mitglieder der Landsmannschaften. Als stärkste und aktivste Gruppe gelten in der Hansestadt die Ostpreußen. Ihr Funktionär Lindemann hat beim letzten Heimattreffen in Düsseldorf «wieder jüngere Besucher» gesehen. Er hält meinen «Schritt für gut». Dabei würde aufgrund meines amtlichen Vertriebenenausweises nicht einmal jemand im Bus für mich aufstehen. «Die meisten sind heute nicht mehr am Vertriebenenausweis interessiert, weil sie ihn nicht mehr in Heller und Pfennig bewerten können. Aber niemand weiß, was kommt: keiner will nach Königsberg marschieren, aber ohne Zwang sollten wir keine Rechtsposition aufgeben. Ich würde das heute auch so machen,» sagt Herr Lindemann von der Landsmannschaft.

Nur habe ich Sorge, daß sich meine unepische Art der administrativen Selbstvertreibung so jedem Mythos oder gar der Verfilmung widersetzt, die zur Orientierung in einer geschichtsfeierlichen Gegenwart nötig wäre: meine Heimat, für die ich als Vertriebener nun ausgewiesen bin, liegt irgendwo zwischen den Grenzen von 1937 und denen des Tarifgebietes 1 des Hamburger Verkehrsverbundes, bei dem mein Vater sein Leben lang gearbeitet hat.

5

Erich Wiedemann

«Ojottchen, im Reich haben sie uns verjessen»

Deutsche und Polen in den ehemaligen deutschen Ostgebieten

«Guten Morgen», sagte der Mann aus Tauberbischofsheim, «ich bin gekommen, um den Baum zu sehen, an dem sie meinen Vater aufgehängt haben.»

«Man sagte uns, daß Sie kommen würden», sagte der Mann an der Tür auf deutsch, «aber treten Sie doch bitte ein, wir haben frischen Rübenkuchen gebacken.»

Eine deutsch-polnische Begegnung im Jahre 1985.

Sie aßen Rübenkuchen mit Sahne, tranken Ersatzkaffee und sprachen über die schlechten Zeiten. Sie stellten fest, daß sie beide Verwandte hatten, die in Bytom, dem damaligen Beuthen, in derselben Straße gewohnt hatten. Dann sprachen sie über die Zeiten, als Polen und Deutsche einander wechselseitig noch Zug um Zug wie Ungeziefer behandelt hatten. Und schließlich fuhren sie in einer Furmanka, einem Pferdewagen mit Gummireifen, hinaus auf die Felder, auf denen gelb und saftig der Raps stand wie damals im Mai, als die Polen den Hof übernahmen.

Nach dem Apfelbaum, an dem der betrunkene polnische Gutsverwalter seinen Vater vor den Augen der ganzen Familie hatte aufhängen lassen, hat der Mann gar nicht mehr gesucht. Er hätte ihn wohl auch nicht mehr gefunden. Die meisten Obstbäume hinter dem Wohnhaus sind in den ersten Nachkriegswintern zu Feuerholz geworden. Seit jenem blutigen Frühling 1946, der Zehntausende von Schlesiern und Pommern das Leben kostete, hat das Gut an der Straße von Dibigniew nach Walcz siebzehn Verwalter gehabt.

Zum Abschied tauschten sie kleine Geschenke aus – einen Mini-Taschenrechner gegen zwei Gläser Brombeermarmelade. «Stellen Sie sich vor, er hätte mir Apfelkraut mitgegeben», sagt der Mann aus Tauberbischofsheim später auf der Weiterreise, «dann hätte ich zu Hause erzählt, es seien Äpfel von dem Baum, an dem sie meinen alten Herrn aufgeknüpft haben.» Aber darüber kann im Bus keiner lachen.

Die Reisegruppe kommt, bis auf drei Fahrgäste, aus Süddeutschland. Lauter echte Vertriebene, die mit «Heimweh Tours Internationalski», wie der Busfahrer es nennt, die alte Heimat besuchen.

Die polnische KP hat schon lange ihren Frieden mit den westdeutschen Nostalgiereisenden geschlossen. Auch das staatliche Reisebüro «Orbis» hat Vertriebenenreisen im Programm, obwohl sie natürlich nicht so heißen. Die Westdeutschen sind überwiegend Mustertouristen. Sie fallen selten unangenehm auf, bringen Devisen und Geschenke und lassen sich für ein Einmachglas schlesischer Heimaterde sogar noch 500 Zloty Ausfuhrzoll abknöpfen. Deutsche, wie Polen sie lieben.

Natürlich schlagen sie beim Vogelbeerschnaps in der Hotelbar schon mal über die Stränge. Aber wenn sich die Heimatliebe in lauten Gesängen von Schneekoppe und Schlesierland Bahn bricht, hören die Polen einfach weg. Wenn Devisen auf dem Spiel stehen, sind sie nicht so streng mit dem Revanchismus.

Westdeutsche Touristen sind – nicht nur der Devisen wegen – in Polen beliebter als Ostdeutsche. Die Musterkommunisten aus der DDR haben in allen polnisch-sowjetischen Krisen stets auf der Seite der Sowjets gestanden. Deshalb projiziert das polnische Volksempfinden alle germanischen Übel auf Deutschland-Ost. Die Bundesrepublik steht im Vergleich dazu glänzend da.

Das Verhältnis zwischen den zwei Bruderländern hat sich leicht entspannt, weil privat kaum noch Polen in die DDR und kaum noch Ostdeutsche nach Polen reisen. Die

Ostberliner Regierung hat die «Friedensgrenze» an Oder und Neiße aus Furcht vor dem Solidarność-Bazillus mit zusätzlichen bürokratischen Hürden für Normalbürger fast unpassierbar gemacht.

Die für Ostblockverhältnisse ungewöhnliche Freizügigkeit, die Polen den Westdeutschen gewährt, leitet sich vor allem aus der Erkenntnis her, daß das Wiedersehen mit der verlorenen Heimat dem Revanchismus entgegenwirkt. Es ist fast immer das gleiche. Die ersten zwei, drei Tage finden sie alles überwältigend. Dann stellen sie fest, was alles anders geworden ist. Und nach zwei Wochen wissen sie, daß dies nicht die Heimat ist, von der sie an ihren Stammtischen immer geredet haben.

Revanchismus? Sie nehmen ja nicht mal richtig wahr, was sie verloren haben. Sie erzählen zu Hause nicht von den schönen alten Kastanien, deren Kronen im Frühling über den pommerschen Landstraßen zu blühenden Dächern zusammenwachsen. Und nicht von den riesigen Rapsfeldern, die am Horizont mit dem schlesischen Himmel verschmelzen. Sie berichten über hinterfotzige Polizisten, die Westtouristen in Radarfallen locken, von den Schlaglöchern in den Straßen, von lauwarmen Getränken, kaputten Aufzügen und muffigen Kellnern im Hotel.

Man braucht wohl die eigene Erfahrung, um zu realisieren: Heimat ist kein Synonym für Geburtsort. Mindestens fünfzig Prozent der Westdeutschen leben ja – überwiegend freiwillig – an Orten, an denen sie nicht geboren sind, ohne daran zu zerbrechen. Heimat ist, wo man sich heimisch fühlt. In dem Buch «Nirgendwo ist Poenichen» beschreibt Christine Brückner das Wiedersehen der pommerschen Landadeligen Maximiliane von Quint mit Poenichen, das nun Peniczyn heißt. Maximiliane fühlt sich in Peniczyn nicht mehr heimisch. Sie findet nur noch die Blutbuche, unter der sie als Kind gespielt hat, trinkt mit einer alten Frau, die selbst vertrieben wurde, ein Glas Wodka und kehrt um.

Das Buch endet so: «Am nächsten Morgen steht sie auf dem Bahnsteig in Koszalin zwischen den anderen Rückreisenden, all den ehemaligen Flüchtlingen und Vertriebenen, die sich in Leverkusen und Gelsenkirchen Häuser gebaut haben. Jetzt wird auch sie seßhaft werden können.» Nur ein Roman, aber so ist die Wirklichkeit. Vielleicht würde auch – der auf Ceylon geborene – Herbert Hupka endlich seßhaft werden, wenn ihm die Polen ein Einreisevisum geben würden, damit er erkunden kann, wo seine Heimat ist.

Der Bus aus München hat reichlich Übergepäck geladen. Die meisten Passagiere sind erfahrene Osttouristen und wissen, woran es in Polen fehlt. Und wer es nicht weiß, kann es im *Schlesier*, dem Verbandsorgan der Landsmannschaft Schlesien, nachlesen. Empfohlen werden «Kaffee, Tee, Schokolade, Gummiband, Hansaplast, Niveacreme, Strümpfe, Schuhsohlen mit Absätzen und Klebetube (die Schuster haben keinen Kleister) und ... zwei Halbpfund-Kaffeepäckchen, damit die Leutchen ein Paket zum Tauschen auf dem Schwarzmarkt haben, um sich ihre Rente aufbessern zu können».

Die Renten liegen um 6000 Zloty. Dafür kann man theoretisch kaufen: ein Paar feste Winterschuhe oder drei Kilo Bohnenkaffee oder 15 Brote. Theoretisch. Nahrungsmittel sind rationiert. Nicht mal die Toten sind von der Zuteilungswirtschaft ausgenommen. Auch Särge sind knapp, weil Verschnittbretter für Bauverschalungen gebraucht werden.

Die Barmherzigkeit hat Tücken in Polen. «Am sichersten ist es, wenn man alles selbst hinbringt, was man spendet, sonst spielt die Post polnisch einkaufen», sagt der Busfahrer. Die niederländische Botschaft fahndet noch heute nach 5000 Tonnen geschenktem Rindfleisch, die im Hungerwinter 1981/82 in Tschenstochau spurlos verschwanden.

Auch von der westdeutschen Winterhilfe ist viel auf der Strecke geblieben. Spender, die sich beschwerten, erhielten hektographierte Antwortschreiben, in denen es hieß, Polen sei gut versorgt und könne auf die Almosen der Kapitalisten verzichten.

Ludwig Bauer aus Stuttgart macht die Autobustour schon zum viertenmal mit. Er bleibt für ein paar Tage in Breslau – heute Wroclaw – und steigt auf der Rückreise wieder zu. Er besucht die zwei Familien, die sich die alte Wohnung seiner Eltern an der Nowy Świat teilen. Die Wohnung hat's in sich. «Von außen haben sie das Haus ganz ordentlich renoviert», sagt er, «aber dahinter . . . oijoijoijoi, dahinter sieht's aus wie bei den Polacken.»

Ludwig Bauer hat einen ganzen Koffer voll Kleinbaumaterial dabei: Lötmasse, eine Rolle Hanf, einen Toilettenflansch, sechs Sorten Schrauben. Lauter Dinge, die man in Polen nicht kaufen kann. Die Toiletten, sagt er, seien hoffnungslos vergammelt. Aber er wird das in Ordnung bringen. Für einen deutschen Handwerksmeister ist auch in Polen fast nichts unmöglich.

Ludwig Bauer hat so eine Art Patenschaft für das alte Haus, in dem er und seine zwei Brüder groß geworden sind. Sie waren Anfang 1946 ausquartiert worden, als die ersten polnischen Umsiedler aus Pinsk und Lemberg kamen. Er war damals fünfzehn Jahre alt. Als er 1980 wiederkam, war er fünfzig.

Er hatte einen Mordsrochus auf die Polen, das gibt er zu. Nicht weil sie ihn daran hindern, in der Stadt zu leben, in der er geboren ist. Seine Heimat ist Stuttgart ohne Wenn und Aber. Die Gefühle der literaturschaffenden vertriebenen Ex-Rittergutsbesitzer, die ganze Bücher mit ihren Sehnsüchten füllen, kann er nicht nachempfinden. Das mag daran liegen, daß Rittergüter mehr Heimatgefühl binden als Drei-Zimmer-Wohnungen.

Nein, die Wut im Bauch kam nicht vom Schmerz über die verlorene Heimat. Er haßte die Polen, weil sie ihn und seine Familie mit den Nazis in einen Topf geworfen hatten. Sein Vater war ein guter Sozialdemokrat gewesen, ein Onkel hatte in Oranienburg gesessen, weil er ein volles Bierglas nach einem Führerbild geschmissen hatte. Trotzdem hatten die Bauers für die Untaten der Nationalsozialisten büßen müssen. Seine dreizehnjährige Kusine war von polnischen

Freischärlern vergewaltigt und anschließend erschossen worden.

Sein erster Besuch in Breslau hat Ludwig Bauers Verhältnis zu den Polen geändert. Die zwei Familien hausten beengt und in bitterer Armut in drei Zimmern, 14 Menschen, unter ihnen ein bettlägeriger alter Mann, auf knapp 80 Quadratmetern. Es roch nach Kohl, Medikamenten und abgestandenem Waschwasser. Ludwig Bauer hat den Geruch noch heute in der Nase.

Die Wohnung war nach dem Krieg nur einmal gestrichen worden. Unter der dünnen Farbe konnte man noch das Tapetenmuster aus Bauerschen Zeiten erkennen. Die Linoleumböden waren bis auf die Dielenbretter durchgewetzt, die Decken fast schwarz von dem Ruß aus dem gußeisernen Kohleofen. Das Wasser mußten sie aus der Toilette im Treppenhaus holen. Der Küchenherd, die Stelzenbadewanne, das monströse Sideboard im ehemaligen Wohnzimmer, alles war fast wie früher, nur mit einer dicken graugelben Patina bedeckt.

Ludwig Bauer verstand kein polnisch, und die Polen verstanden kaum deutsch. Er erfuhr erst viel später, daß sie aus der Gegend von Lemberg stammten und daß sie 1947 von den Russen vertrieben worden waren ebenso wie er und seine Eltern aus Schlesien. Bevor er ging, gaben sie ihm ein vergilbtes Photo, das ein Brautpaar vor der Adalbert-Kirche zeigte: das verloren geglaubte Hochzeitsbild seiner Eltern. Sie hatten es verwahrt, weil sie meinten, irgendwann werde einer kommen und es holen.

Unten im Treppenhaus brach Ludwig Bauer in Tränen aus. Das Elend, die Erinnerungen, das alte Photo ... Auch ein deutscher Handwerksmeister hat seine innere Schmerzgrenze. Er stand wie ein Betrunkener vornübergebeugt an der Wand im Hausflur und heulte. Er sagt: «Ich habe mich geschämt, daß ich diese Leute gehaßt hatte.»

Im Jahr darauf war er wieder da – mit einem Kombiwagen voll Binderfarbe, Tapetenrollen und Fressalien. Auf der Volkshochschule hatte er sogar ein paar Worte polnisch gelernt. Er wehrt sich heftig gegen den Verdacht, menschliche Zuneigung sei sein stärkstes Motiv gewesen. Er habe es nur nicht mit ansehen wollen, wie sein Elternhaus so verkomme. Vor zwei Jahren hat er die Wohnung renoviert. In diesem Jahr ist die Toilette dran. Die Abflußrohre im Treppenhaus sind alle verrottet. Aber er wird's schon richten. Ludwig Bauer sagt lachend, was die Polen immer sagen, wenn ihnen das Wasser bis zum Hals steht: «Jakosto bedzie.» Auf deutsch: Wird schon hinhauen.

Die schlesische Metropole Breslau hat wieder ein zivilisiertes Gesicht. Aber sie ist trotz aller Pracht eine arme Stadt. Das Angebot auf dem kleinen Markt hinter dem Rathaus hat Dritte-Welt-Qualität: an den Gemüseständen Kohlköpfe, Runkelrüben, pockennarbige Äpfel, wie sie vorzugsweise im Ostblock zu gedeihen scheinen. Nebenan ein Kleiderstand, an dem man gebrauchte Socken und Unterwäsche kaufen kann. Am Eierstand zischt ein Kunde den Westbesucher an: «Wollen Sie tauschen eine D-Mark für sweichundertwumfzig?»

Ein Rentner bietet gebrauchte Zeitungen an. Unter anderem den *Życie Warszawy* mit einem Bericht über die Antwort Regierungssprecher Jerzy Urbans auf den Hochmut der westdeutschen Kulturimperialisten. Die unter deutscher Fremdherrschaft verödeten Landesteile Pomorze (Pommern) und Śląsk (Schlesien), so hat Urban mitgeteilt, hätten sich erst unter polnischer Verwaltung zur Blüte entfaltet.

Wahr ist: Die Kommunisten haben den Stadtkern mustergültig restaurieren lasse. Das Renaissance-Rathaus ist wieder ein Schmuckstück. Der Stuck, die goldverzierte Turmuhr, die romantischen Schnörkeleien im Schweidnitzer Keller, wirklich alles vom Feinsten. Auch die Fassaden der alten Bürgerhäuser am Solny, dem alten Blücherplatz, sind picobello restauriert. Aber auch nur in der Altstadt und auch nur die Fassaden. Dahinter ist Bruch. Von 2300 denkmalgeschützen Bauten, so berichtet die Lokalzeitung *Wieczor Wroclawia*, seien 750 nicht mehr zu reparieren.

Und um die restlichen anderthalbtausend steht es auch nicht zum besten. Überall bricht in dicken Placken der Putz weg. Die oberen Etagen sind häufig nicht bewohnbar, weil die Dächer kaputt sind.

Die Restaurateure haben gute Arbeit geleistet, wo das Geld reichte. In den Außenbezirken auf der anderen Oderseite und hinter dem alten Stadtgraben hat es fast nirgendwo gereicht. Die alten Kirchen sind leidlich wiederhergestellt. Aber ringsum ist Tristesse: verfallene Mietskasernen aus den dreißiger und unverputzte sozialistische Zweckarchitektur aus den fünfziger und sechziger Jahren. Und so ähnlich sieht es überall aus, in Oppeln, in Danzig, in Grünberg, in Stettin.

Die Denkmalspflege ist nicht sonderlich populär in Breslau. Denn der Wiederaufbau der Altstadt ging zu Lasten des Wohnungsbaus. Zwei Drittel der rund 600 000 Einwohner von Wroclaw leben ähnlich oder schlimmer als die zwei Familien in der ehemaligen Wohnung von Ludwig Bauer. Und wer nicht in der Partei ist, wartet in Polen acht bis zwölf Jahre auf eine neue Wohnung.

Was unverwechselbar deutsch war, haben sie planiert. Die pommerschen Herrenhäuser waren ihnen gerade noch als Steinbrüche gut genug. Auf den Dörfern wurden in den ersten Nachkriegsjahren ganze Friedhöfe umgepflügt oder die deutschen Inschriften auf Grabsteinen mit Zement zugeschmiert. Dabei kam es auch zu Fehlleistungen. In Oberschlesien, wo deutsche und polnische Kultur ineinanderfließen, wo gebürtige Deutsche Stachoczinski und gebürtige Polen Meyer heißen, wurden versehentlich auch polnische Gräber polonisiert.

Denkmalspflege ist in Polen Identitätspflege, auch wenn polnische Identität oft erst in die Denkmäler hineininterpretiert werden muß. Die Genossen Kulturaktivisten stochern überall im deutschen Kulturgut nach Spurenelementen, mit dem sich das Ganze polonisieren läßt – so wie früher die Nazis im deutsch-polnischen Grenzkulturraum stets auf der Suche nach morschen Germanenknochen waren, um zu beweisen, daß der eroberte Warthegau eigentlich nur heim ins Reich gefunden habe, weil er immer schon deutsch war.

Wo es erforderlich war, haben die Polen deutsches Kulturerbe mit eigenen Erbelementen verschnitten. Sie haben Friedrich den Großen von seinem Sockel geholt und ein Standbild des polnischen Dichters Aleksander Fredro hinaufgehievt, das sie vor den Russen aus Lemberg gerettet hatten.

Sogar die Marienburg am Ufer der Nogat haben sie wiederaufgebaut, die klotzige Trutzfeste des deutschen Ritterordens, der in polnischen Schulbüchern als Speerspitze des Pangermanismus dämonisiert wird. Merke: Je mächtiger der Gegner, desto glanzvoller der Ruhm des Helden, der ihn bezwang.

Die Vorstädte sind trostlos. Das Hinterland ist trostloser. An der alten Bernsteinstraße, der heutigen Europastraße 14 zwischen Breslau und Stettin, liegen verfallene Geisterdörfer, in denen kein Mensch mehr wohnt.

Allein im Raum Walbrzych oder Waldenburg, wie es in «Müllers Verzeichnis der jenseits der Oder-Neiße gelegenen, unter fremder Verwaltung stehenden Ortschaften» heißt, sind in den letzten Jahren 3500 Höfe aufgegeben worden. Zum Teil, weil sie zu klein waren, um rentabel bewirtschaftet zu werden, zum anderen, weil die aus Wolhynien vertriebenen Bauern hier nie seßhaft wurden. Soviel ist sicher: In Westpolen wollen viel mehr von den Sowjets vertriebenen Polen wieder zurück ins ehemalige Ostpolen als Vertriebene in Westdeutschland zurück nach Schlesien und Pommern.

Die Mehrheit ist immer noch davon überzeugt, daß die Deutschen wiederkommen werden. Die wolhynischen Bauern haben am eigenen Leib erfahren, daß auch Heimatrecht aus den Gewehrläufen kommt. 1921 waren die Polen stark genug, sich einen großen Teil von Belorußland zu nehmen. 1945 bekamen sie Pommern, Schlesien, die Hälfte von Ostpreußen und die ehemalige freie Stadt Danzig. Aber sie waren nicht stark genug, um die Russen daran zu hindern,

Marschall Pilsudskis Erwerbungen zwischen Wilna und Lemberg und ein großes Stück Rumpfpolen dazu zu sowjetisieren.

«Jetzt ist Polen wieder schwach, und die Deutschen sind wieder stark», sagt der Bauer Stepan Woroczilow. Polen habe über hundert Jahre überhaupt nicht mehr existiert und sei wiederauferstanden. «Die Deutschen werden auf das Land nicht verzichten, nicht nach fünfzig und nicht nach hundert Jahren. Wenn sie sich mit den Russen wieder einig sind, kommt Polen wieder zwischen die Puffer.» Wozu also seßhaft werden?

Ludwig Bauer aus München war letztes Jahr im Waldenburger Land. «Das heilige Elend kann einen ankommen, wenn man sieht, was die Polen aus dem blühenden Land gemacht haben», sagt er. Er sagt, er habe im *Schlesier* inserieren wollen: «Hallo, Waldenburger, eure Höfe sind wieder frei. Sie sind nur ein bißchen kleiner als früher. Fahrt hin und kauft sie euch.»

Theoretisch alles machbar. Ausländer können auf Antrag eingebürgert werden. Und niemand kann was dagegen haben, wenn ein polnischer Bürger aus dem Westen, der die nötigen Kenntnisse und das nötige Kapital dazu hat, einen unbewirtschafteten Bauernhof übernimmt, um ihn wieder in Schwung zu bringen. Die polnische Landwirtschaft ist ja zu 75 Prozent in Privathand.

Aber bisher ist noch kein solcher Antrag in Warschau eingetroffen. Es gehen immer nur Aussiedleranträge ein. Seit dem Abschluß des Warschauer Vertrages von 1970 hat die polnische Regierung über eine Viertelmillion Deutsche ausreisen lassen, doppelt so viele, wie abgemacht war. Und nach den Zählungen der bundesdeutschen Botschaft in Warschau leben in Oberschlesien noch 800 000, im ganzen Oder-Neiße-Gebiet 1,1 Millionen Deutsche, von denen mindestens jeder vierte ausreisen würde, wenn er dürfte.

Wer Deutscher ist und wer nicht, wird durch Artikel 116 des Grundgesetzes geregelt. Deutsche brauchen danach weder deutsch zu sprechen noch von deutschen Eltern abzustammen. Zum Nachweis reicht die arische Großmutter. Auch ein Eintrag in die «deutsche Volksliste», mit der die Nazis 1939 in dem annektierten Gebiet um Kattowitz Deutschtum vortäuschten, wo keines war, wird als Beleg akzeptiert.

Nach westdeutschem Rechtsverständnis sind fast 50 Prozent der Bevölkerung in der Woiwodschaft Opole (Oppeln) Volksdeutsche. Nach polnischer Auffassung sind sie bestenfalls Volkswagendeutsche oder Speckdeutsche, wie sie in Anlehnung an ihre eher materiellen Bekennermotive bei der deutschen Botschaft in Warschau genannt werden.

Die Polen halten sich in der Frage der Volkszugehörigkeit an das Staatsbürgerschaftsgesetz von 1951, durch das die zurückgebliebenen Deutschen zwangspolonisiert wurden. Die Regierung General Wojciech Jaruzelskis hat Anfang Mai 1985 kategorisch entschieden: «Das Problem der deutschen Minderheit in Polen hat endgültig zu bestehen aufgehört.» General Jaruzelski war sicher lange nicht im Oppelner Land.

In Krappitz, Oderwinkel und Grogolin auf der Achse Oppeln/Ratibor bilden die echten Polen eine Minderheit, die nur durch Zufall oder durch Einheirat in deutsche Familien hierher verschlagen worden ist. Wo Deutsche wohnen, kann man an den gestärkten Gardinen vor den Fenstern, an den weißgestrichenen Gartenzäunen und an den Gartenzwergen im Vorgärtchen erkennen. Hier kann man noch Polackenwitze reißen, ohne fürchten zu müssen, daß einen irgendein Antek oder Frantek bei der Polizei verpfeift.

Aber wenn morgen die Ausreise freigegeben würde, dann würden auch die deutschen Dörfer zwischen Oppeln und Ratibor veröden. Dann würde mindestens jede zweite Familie sich absetzen in den Westen, wo sie, wie man sagt, so viele Apfelsinen haben wie die Polen Kartoffeln. Der Volksmund in Katy und Gogolin spricht einheitlich mit einer Zunge: «Pjieronje, wir haben gemacht den Fehler, daß wir nicht haben jemacht beizeiten nach drieben.»

111

Es ist wahr, die meisten Deutschen wollen aus wirtschaftlichen Gründen fort. Sonst gäbe es keine Rentner, die – über eine westdeutsche Deckadresse – ihre Westrente im Osten beziehen, obwohl sie ausreisen dürften. Sie sind ja nicht unfreier als die Polen und sicher viel freier als DDR-Bürger, wenn man von gewissen kulturellen Unpäßlichkeiten absieht. Aber ein Bauer, der sechs Tage in der Woche von morgens fünf bis abends sieben ackert und am Sonntag nicht mal ein Stück Fleisch im Topf hat, weil das System ihm die Preise kaputtmacht, hat Freiheitssehnsüchte, die nicht in der Magna Charta stehen.

Sie vertragen sich nicht mal schlecht mit den Polen. Erna Begemann zum Beispiel, die aus Pommern nach Oberschlesien gezogen ist, um wieder unter Landsleuten zu sein, ist mit dem deutsch-polnischen Verhältnis zufrieden. Nur ein bißchen mehr Unterstützung aus der reichen Bundesrepublik, ja, das möcht' schon sein, meint sie. «Aber ich jlaube, ojottchen, im Reich haben sie uns verjessen.» Erna Begemann hat zwei polnische Schwiegersöhne, beide ein bißchen schlampig, wie sie sagt, aber sonst prächtige Burschen. «Nur wenn man se foppt mit polnische Wirtschaft und diese Sachen, dann werden se beese, das meejen se jarnich heeren.»

Die Behörden mögen überhaupt nichts Deutsches hören. In Krappitz muß der Chronist Paß und Presseausweis vorzeigen, um eine Gruppe von Deutschen auf deutsch ins Interview nehmen zu dürfen. Deutsch reden ist zwar nicht mehr verboten, wird aber gemeinhin als Ansatz zur Konspiration bewertet.

In überwiegend deutschsprachigen Gemeinden gibt es keine deutschen Bücher, keine deutschen Vereine, keinen Deutschunterricht. Der Regierungsbezirk Oppeln ist der einzige in Polen, in dem an den Schulen kein Deutsch als Fremdsprache gelehrt wird. Am 18. Dezember 1984 wies das Wojwodschaftsamt in Kattowitz einen Antrag auf Gründung einer Interessengemeinschaft zur deutschen Sprachpflege mit der Begründung zurück, eine solche Vereinigung bedrohe die Sicherheit, die Ruhe und die öffentliche Ordnung. Pfarrer Henryk Jankowski aus Danzig, ein Freund Lech Walesas, zog sich den Vorwurf zu, er unterstütze den westdeutschen Revanchismus, weil er deutschsprachige Gottesdienste abhalten wollte.

Die Haltung der Amtskirche zur Deutschenfrage ist nicht einheitlich. Alfons Nossol, der Bischof der Diözese Oppeln, predigt Brüderlichkeit. Seine Pfarrer dürfen auf deutsch die Beichte hören und die Sterbesakramente erteilen. Am Oppelner Priesterseminar wird auch Deutsch gelehrt, so wie früher am deutschen Priesterseminar in Breslau selbstverständlich Polnisch gelehrt wurde.

Bischof Nossols Oberhirte, Józef Kardinal Glemp, hat sich dagegen weitgehend der Revanchismus-Lehre der Kommunisten angeschlossen. Er sagt, einige seiner Priester hätten verbotswidrig deutschsprachige Messen gelesen, ihre Bemühungen aber mangels Interesse wieder eingestellt. Nur, warum sind sie verboten, wenn eh keiner hingeht?

Der deutsch-polnische Konflikt war früher auch ein Konflikt zwischen Katholiken und Protestanten. Alte Faustregel: Pole gleich Katholik, Deutscher gleich Protestant. Heute hat die evangelische Kirche zwischen dem Riesengebirge und der polnischen Ostseeküste, wo die Mehrheit der Bevölkerung früher protestantisch war, noch 80 000 Mitglieder. Auch die Deutschen sind zu über 90 Prozent katholisch.

Protestantische Christen wurden in den ersten Nachkriegsjahren zu Hunderttausenden zwangskatholisiert. Pfaffen und Politruks marschierten oft Seite an Seite gegen die Evangelischen. Sie besetzten oder brandschatzten protestantische Kirchen und stellten die Gemeinden vor die Wahl, entweder auszureisen oder katholisch zu werden.

Noch 1984 berichtete das Warschauer KP-Blatt *Polityka*, in Ostpreußen seien die Haustüren evangelischer Masuren mit Hakenkreuzen beschmiert worden. «Wir haben auf eine versöhnliche Geste von Papst Wojtyla gewartet, als er 1983 in Polen war», sagte der protestantische Pfarrer Jan Walter in Warschau. Aber die Geste blieb aus.

Auch Bischof Nossol meinte, die polnischen Katholiken seien moralisch verpflichtet, die polnische Volksgemeinschaft zu ebnen. Aber für viele ist es zu spät. Noch eine Generation, und das Problem hat sich von selbst erledigt. Von den Deutschen der zweiten Nachkriegsgeneration sprechen nur noch die wenigsten einwandfrei deutsch.

Für Anna Brandes ist es sicher zu spät. Mit siebzig integriert sich keiner mehr. Sie ist Mitte der sechziger Jahre aus Leipzig zugezogen, weil Wilhelm, ihr Mann, bei der polnischen Eisenbahn anfangen konnte. Als Wilhelm Brandes starb, war sie allein. Und dabei ist es geblieben.

Anna Brandes lebt in einer freundlichen Zwei-Zimmer-Wohnung mit Blick ins Grüne am Stadtrand von Oppeln. An den Wänden hängen gerahmte Fotos, die sie damals aus der DDR mitgebracht haben: das Potsdamer Schloß, die Kreideküste von Rügen, das Leipziger Rathaus. Zu ihrer Umgebung in Oppeln hat sie keine Beziehung. Weil sie außer ein paar Floskeln, die sie zum Einkaufen braucht, kein polnisch versteht, hat sie auch keinen Kontakt.

Hans, ihr einziger Sohn, lebt mit seiner Frau und seinem Sohn in Warschau. Zu ihrem Geburtstag und zu Weihnachten kommen sie zu Besuch. Aber es sind schmerzliche Begegnungen. Die Eltern haben dem Kleinen beigebracht «Dankeschön» und «Bitteschön» und «Oma lieb» zu sagen. Aber sonst spricht er nur polnisch. Erna Brandes hat schon überlegt, ob sie sie bitten soll, nicht mehr zu kommen.

Ob man was für sie tun könne? Oh ja, sagt sie ganz spontan. Vor drei Jahren habe sie aus einer Lebensmittelspende aus der Bundesrepublik ein Päckchen Suppenwürfel erhalten. Wenn sie vielleicht davon ein paar haben könnte . . .

Sie überlegt einen Moment. Dann schüttelt sie den Kopf. «Nein, vergessen Sie die Suppenwürfel. Der Herrgott hat mir einen Landsmann geschickt, und dafür bin ich dankbar. Aber wenn Sie mal schreiben könnten . . .»

Versprochen.

6

Leon Szulczynski

«Beeilt euch, verdammt noch mal!»

Vertreibung und Umsiedlung der Polen

Der Fluß Ural, der die Grenze zwischen Europa und Asien bildet, hieß ursprünglich Jaik. Vor über zweihundert Jahren wurde der Fluß auf Geheiß der Zarin Katharina umgetauft – als Bestrafung dafür, daß an seinen Ufern ein Volksaufstand unter Führung des Kosaken Jemieljan Pugatschow ausgebrochen war, der die Grundmauern des Imperiums zu erschüttern drohte.

Unter den Aufständischen, die auch die Gouvernement-Hauptstadt Kasan besetzt hatten, gab es viele Polen. Einige lebten schon seit 1668 dort, die meisten seit 1772, als russische Truppen die Adelsrebellion von Bar niederwarfen und die Polen an den Jaik verbannt wurden. Fürst Nikolaj Riepin, Katharinas Botschafter in Warschau, hat danach ihre Zahl auf 16000 geschätzt. «In Kasan», schrieb der Chronist Henryk Rzewuski, «haben wir so viele unserige getroffen, daß einer, der vom Mond gefallen wäre, hätte glauben können, er sei in eine polnische Stadt geraten, bevor er gemerkt hätte, daß in dieser Stadt nur orthodoxe, jedoch keine römisch-katholischen Kirchen stehen.»

Sodann zog der Autor die Schlußfolgerung: Polens Zukunft liege in Unterwürfigkeit und Loyalität gegenüber Rußland. Diese Einsicht begründete er mit den bitteren historischen Erfahrungen: Als sich der polnische Adel im Ort Bar zum Aufstand gegen den eigenen König und dessen russische Gebieterin zusammengeschlossen hatte, schlug Friedrich II. der aus Stettin stammenden Zarin vor, den unruhigen Staat Polen untereinander aufzuteilen. Als der

Aufstand nach vierjährigen erbitterten Kämpfen mit einer Niederlage endete, wurde Polen zum ersten Mal geteilt. Zwei Jahrzehnte später folgte die zweite, und nach drei weiteren Jahren war mit der dritten Teilung das Ende der polnischen Unabhängigkeit besiegelt. Der Schriftsteller und Ural-Reisende Rzewuski war damals fünf Jahre alt.

Auf den Spuren Rzewuskis reiste später, im Jahre 1941, ein anderer polnischer Schriftsteller, der heute 90jährige Józef Czapski. Etwa eineinhalb Jahrhundete waren inzwischen vergangen, darunter aber nur zwei Jahrzehnte, in denen die Polen wieder in einem eigenen souveränen Staat leben durften. Nun gab es schon in den russischen Städten und Dörfern beiderseits des Urals fast keine Kirchen mehr, auch die meisten griechisch-katholischen dienten seit langem als Getreidespeicher oder Kulturklubs. Aber es gab dort mehr Polen als je zuvor: Mindestens 1,2 Millionen polnische Staatsbürger, nach manchen anderen Schätzungen sogar eineinhalb Millionen sind von den Sowjets in den Jahren 1939 bis 1941 in das russische Hinterland deportiert worden.

Einer der Überlebenden war der Kunstmaler und Hauptmann der polnischen Armee, Józef Czapski. Er hatte den Auftrag, die Spuren von 15 000 polnischen Offizieren und Unteroffizieren zu verfolgen, mit denen er noch kurz zuvor in einem sowjetischen Kriegsgefangenenlager zusammengelebt hatte. Sie waren 1939 mit rund 200 000 anderen polnischen Armeeangehörigen in alle Teile der Sowjet-Union verschleppt worden. Im Spätsommer 1941, nach Hitlers Überfall auf die Sowjet-Union, wurden sie von Stalin amnestiert und galten seither als verschollen. Es gelang Czapski nur etwa 400 von ihnen aufzuspüren. Zwei Jahre später kam heraus, daß 4123 polnische Offiziere aus dem Lager Kosielsk im Wald von Katyn auf höheren Befehl erschossen wurden. Von dem Schicksal der anderen ist bis heute nichts bekannt.

Die große Vertreibung der Polen aus ihrer Heimat war lange zuvor festgelegt – während eines Festessens auf dem

Kreml. Bei Kaviar und Beluga, Wodka und Krimsekt hatte der Ehrengast des Banketts, der deutsche Außenminister Joachim Ribbentrop, allen Grund zufrieden zu sein, als Gastgeber Stalin sein Glas zum Trinkspruch erhob: «Ich weiß, wie sehr das deutsche Volk seinen Führer liebt und ich möchte deshalb auf sein Wohl trinken!» Eine Stunde später, als sich die deutschen Gäste schon verabschieden wollten, wandte sich der Kreml-Chef nochmals an Hitlers Gesandten: Die sowjetische Regierung betrachte den neuen Vertrag mit größtem Ernst, und er, Stalin, hafte mit seinem Ehrenwort, daß die Sowjet-Union ihren Partner nicht verraten wird.

In jener Nacht vom 23. zum 24. August 1939 unterzeichneten Deutsche und Sowjets einen Vertrag. Er schien sich auf den ersten Blick von anderen Nichtangriffspakten kaum zu unterscheiden. Allerdings fehlte die übliche Formel von einer sofortigen Kündbarkeit des Vertrags, falls eine der beiden Seiten einen dritten Staat angreifen sollte. Schon das ließ ahnen, daß der Kreml mit dem von Hitler bereits beschlossenen Einmarsch in Polen einverstanden war.

Eindeutiger und genauer wurden die Pläne der beiden Polen-Feinde in einer streng geheimen Zusatzklausel zum Nichtangriffspakt formuliert, die «für den Fall politischer und territorialer Änderungen» im Baltikum sowie auf dem Gebiet Polens eine neue «Trennlinie zwischen den Einflußzonen Deutschlands und der Sowjet-Union» vorsah. Sie sollte entlang der Nordgrenze Litauens (dem das damals noch polnische Gebiet um Wilna angegliedert werden sollte) und «ungefähr entlang der Flüsse Narew, Weichsel und San» verlaufen, wobei die Sowjet-Union sich das rumänische Bessarabien sicherte. Die Frage, ob «die Interessen beider Seiten» die Aufrechterhaltung eines unabhängigen polnischen Staates erfordere und welche Grenzen dieser Staat habe, sollte erst später, «im Laufe weiterer Ereignisse», entschieden werden.

Die «weiteren Ereignisse» waren damals schon so gut wie beschlossen. Um 4 Uhr 45 des 1. September, nur acht Tage nach dem Kreml-Bankett für Ribbentrop, eröffnete der deutsche Kreuzer «Schleswig-Holstein» aus seinen vierzehn Geschützen das Feuer auf die mit etwa zweihundert polnischen Soldaten besetzte Halbinsel Westerplatte. Eine Viertelstunde zuvor fielen auf Krakau, Posen, Ostrów Wielkopolski und Biala Podlaska die ersten deutschen Bomben.

Dann begann Hitler seinen neuen Verbündeten zu drängen, die Sowjet-Union sollte sich ihren Teil der «territorialen Änderungen» unverzüglich aneignen, bevor England und Frankreich sich zu einer Intervention zugunsten ihrer polnischen Alliierten entschlossen hätten.

In der Nacht zum 17. September – der Kampf um Warschau dauerte noch an – wurde der polnische Botschafter in Moskau, Waclaw Grzybowski, um drei Uhr früh in das Kommissariat für Auswärtiges geladen. Wladimir Potjomkin, einer von den Stellvertretern des Außenministers Molotow, wünschte ihn unverzüglich zu sprechen.

Einige Stunden zuvor hatten Stalin, Molotow und Marschall Woroschilow dem deutschen Botschafter Schulenburg im Kreml mitgeteilt, die Rote Armee sei zu ihrem Polenfeldzug bereit. Dem Diplomaten wurde die vorbereitete sowjetische Note an Polen verlesen, und als er sich mit drei Formulierungen nicht zufrieden gab, zeigten sich die Kreml-Herren konzessionsbereit. «Auf meine Vorbehalte hin», funkte Schulenburg nach Berlin, «hat Stalin den Text so korrigiert, daß der Inhalt der Note für uns akzeptabel ist.»

Der so von sowjetischen Führern und dem Hitler-Diplomaten gemeinsam redigierte Text war einmalig in der Geschichte der internationalen Beziehungen: Da der polnische Staat praktisch nicht mehr existiere, sei auch der zwischen der Sowjet-Union und Polen bestehende Nichtangriffspakt nicht mehr gültig. Somit sei der Einmarsch der Roten Armee in das Territorium des ehemaligen Polen nichts anderes als eine Rettungsaktion zugunsten «ihrer dort lebenden Landsleute, der Ukrainer und Belorussen, die schutzlos ihrem Schicksal überlassen worden sind».

An der «Rettungsaktion» nahmen 30 Divisionen der sowjetischen Infanterie, zwölf mechanisierte Brigaden sowie zehn Reiterdivisionen teil. Lemberg, die größte Stadt Ostpolens, die sich gegen die deutsche Wehrmacht zu verteidigen versuchte, mußte durch die unerwartet entstandene zweite Front kapitulieren. Allerdings nicht ohne Verrat. Bevor der Lemberger Kommandant General Langner den Kapitulationsbefehl gab, bekam er vom Stellvertreter des Oberkommandierenden der Ukrainischen Front, Marschall Timoschenko, eine offizielle Zusicherung, die Offiziere und Mannschaften würden über Rumänien oder Ungarn in das verbündete Frankreich ziehen können; der rumänische König Carol hatte den Polen ein Durchreiserecht angeboten. Doch die Sowjets hielten sich nicht an die Zusage und nahmen die meisten Offiziere in Gefangenschaft.

Auch dies im Einvernehmen mit Berlin. Denn inzwischen hatte Stalin den Deutschen eine endgültige und vollständige Teilung des polnischen Territoriums vorgeschlagen, wobei er den Deutschen auch die Lubliner Woiwodschaft sowie den ursprünglich für die Sowjets vorgesehenen Teil der Warschauer Woiwodschaft abtrat. Als Gegenleistung sollte Hitler den sowjetischen Ansprüchen auf Litauen sowie dem Moskauer Konzept einer «sofortigen Lösung» des Problems der übrigen baltischen Staaten zustimmen.

Hitler stimmte zu. Am 28. September wurde in Moskau der deutsch-sowjetische «Freundschafts- und Grenzvertrag» unterzeichnet, der eine neue Grenzlinie festlegte. Sie führte von Ostpreußen aus, entlang des Flusses Pissa, von da aus nach Malkinia und weiter, entlang der Flüsse Bug und San, bis zu den Karpaten. Die vierte Teilung Polens war perfekt: Etwa die Hälfte seines Vorkriegsterritoriums – 189 000 Quadratkilometer mit 21,8 Millionen Einwohnern (darunter freilich fast 1000 Quadratkilometer, die Polen im Herbst 1939 von der Tschechoslowakei annektiert hatte) – sollte von Deutschland, die andere, südöstliche Hälfte –

über 200 000 Quadratkilometer mit 13,4 Millionen Einwohnern – von der Sowjet-Union besetzt werden.

Besonders eilig hatten es die Sowjets in Wilna, das sie bereits in der Nacht vom 17. auf den 18. September besetzt hatten. In den sechs Wochen dieser ersten Besetzung wurde aus der Stadt fast alles wegtransportiert, was materiellen oder kulturellen Wert besaß. Auch die Verhaftungen und Hausdurchsuchungen – die «schwarzen Listen» hatte die Geheimpolizei NKWD bereits in Moskau zusammengestellt – wurden mit großer Eile vorangetrieben. Über die Gründe dieser Eile erfuhr die Bevölkerung erst später: Wilna sollte von den Sowjets großzügig an Litauen abgetreten werden – bevor ganz Litauen von Stalin einkassiert wurde.

Die Bevölkerung kannte auch nicht die Geheimklausel des deutsch-sowjetischen Freundschaftsvertrags vom 28. September: «Keine der vertragschließenden Parteien wird auf ihrem Territorium eine polnische Agitation tolerieren, die zum Ziel hätte, das Territorium der anderen Seite zu verletzen.» Beides bekam der heute in Neapel lebende Schriftsteller und Essayist Gustaw Herling-Grudziński zu spüren. Als der ihn verhörende NKWD-Funktionär wissen wollte, warum er die sowjetisch-litauische Grenze zu überschreiten versucht hat, antwortete der Häftling wahrheitsgemäß: «Um gegen die Deutschen zu kämpfen.» Der Ermittlungsrichter gab sich empört. War es denn dem Häftling nicht bekannt, daß die Sowjet-Union einen Freundschaftsvertrag mit Deutschland abgeschlossen hat? Der Häftling gab an, davon gehört zu haben, nicht aber von einem Kriegszustand zwischen der Sowjet-Union und den Verbündeten seines Landes, England und Frankreich, zu wissen. Die ihm dann vorgelesene endgültige Fassung der Anklageschrift lautete: «Er wollte die sowjetisch-litauische Grenze durchqueren, um gegen die Sowjet-Union zu kämpfen.» Auf seine Bitte, das Wort «Sowjet-Union» durch «Deutschland» zu ersetzen, versetzte ihm der Vernehmer einen kräftigen Schlag ins Gesicht: «Es kommt doch auf dasselbe hinaus.»

Nicht ohne guten Grund hatte sich Stalin entschlossen, seinem deutschen Verbündeten eine Änderung des ursprünglich vereinbarten Teilungsmodells vorzuschlagen und ihm das Lubliner Gebiet sowie die Landkreise um Warschau abzutreten. Diese polnischen Kerngebiete, von fünf Millionen Polen bewohnt, wären schwerlich in die Ukrainische oder die Belorussische Sowjetrepubliken zu integrieren.

Anders hingegen verhielt es sich mit dem südöstlichen Teil Polens, jenseits der sogenannten Curzon-Linie. Von den Polen später «Hitler-Stalin-Linie» genannt, wurde sie 1920, als die Truppen des Sowjet-Marschalls Tuchatschewskij vor Warschau standen, von dem damaligen britischen Außenminister, Lord Curzon, als Trennungslinie zwischen Polen und der UdSSR vorgeschlagen. Die östlich dieser Linie gelegenen Gebiete waren tatsächlich, mit Ausnahme von Lemberg und Wilna, überwiegend von ethnischen Minderheiten – Ukrainern, Belorussen und Juden – bewohnt, die von den Warschauer Vorkriegsregierungen keineswegs immer so behandelt wurden, wie das nach der damals geltenden demokratischen Verfassung des Staates geboten war.

So konnte die sowjetische Propaganda die Annexion der östlich der Curzon-Linie liegenden Gebiete als «Befreiung der arbeitenden Massen der Westukraine und Westbelorußlands» von dem Joch der polnischen Unterdrücker, der «Großgrundbesitzer, Kapitalisten und Offiziere» rechtfertigen. Der Weltöffentlichkeit hingegen sollte der sowjetische Aufmarsch vor allem als brüderliche Hilfe für die von den vorrückenden deutschen Truppen bedrohten ukrainischen und belorussischen Landsleute präsentiert werden.

Hier, in den östlichen Woiwodschaften Polens, gingen die Sowjets systematisch vor. Während die «breite Arbeiter- und Bauernmasse» – zu der weder hochqualifizierte Arbeiter noch Eigentümer mittelgroßer Bauernhöfe gezählt wurden – für das kommunistische System, für ihr neues «Vaterland brüderlicher Völker» umerzogen werden sollte, sollten die staatstragenden Elemente des zerschlagenen

SCHWEDEN

DÄNEMARK

Hamburg •

DDR

• Stettin

Berlin

BUNDESREPUBLIK

Köln•
Bonn•

Leipzig •

Frankfurt •

Prag •

1945 bis 1948:
Heimkehrer (Zwangsarbeiter,
Kriegsgefangene und
befreite KZ-Häftlinge)

0,9 Millionen

0,6 Millionen

1945 bis 1948:
Heimkehrer (Repatrianten und
Vorkriegs-Emigranten aus aller Welt)

• München

Wi•

ÖSTERREICH

	Grenzen 1937
	Polen 1937
	Grenzen nach 1945

Deportation, Vertreibung und Umsiedlung der Polen

LETTISCHE SSR

LITAUISCHE SSR

Klaipeda (Memel)

Danzig

Kaliningrad (Königsberg)

SOWJET-UNION

1.2 bis 1.5 Millionen

1939 bis 1941: von den Sowjets verschleppt

2.9 Millionen

1945 bis 1950: Umsiedler aus „Kernpolen" in die ehemals deutsche Ostgebiete

Warschau

POLEN

Brest-Litowsk

1945 und 1946: aus Polen in die Sowjet-Union umgesiedelt

Mill.

5 Millionen

1939 bis 1944: von den Deutschen ins Reich verschleppt (Kriegs-gefangene, Zwangs-arbeiter, KZ-Häftlinge)*

0,5 Millionen

slau

1,5 Millionen

Krakau

nach 1939: von den Deutschen innerhalb Polens vertrieben

Lemberg

1945 bis 1950: aus der Sowjet-Union nach Polen umgesiedelt

SCHECHOSLOWAKEI

*nicht inbegriffen sind die Polen, die in Konzentrationslagern auf polnischem Gebiet ermordet oder inhaftiert wurden

Budapest

UNGARN

RUMÄNIEN

bürgerlichen Polens sowie sämtliche übrigen «Klassenfeinde» tief in die Sowjet-Union verschleppt werden. Ein Dorflehrer aus dem Kreis Wolkowysk der Bialystoker Woiwodschaft erinnerte sich: «In Karabasch bei Tschelabinsk wurden wir von dem Leiter der Nordverwaltung Bergbau begrüßt mit: ‹Hier werdet ihr leben und sterben. Polen könnt ihr vergessen. Es wird weder eine Rückkehr nach Polen geben noch überhaupt ein Polen.›»

Die Auslegung der Begriffe «staatstragendes Element» und «Klassenfeind» war mancherorts geradezu absurd. Der 1978 verstorbene Warschauer Journalist Roman Juryś lernte in der Sowjet-Republik Tadschikistan einen jüdischen Schneidergesellen aus Ostpolen kennen. Der junge Mann war an einem arbeitsfreien Tag zum Lunapark gegangen und hatte dort ein Foto von sich machen lassen. Als Kulisse diente eine gemalte Jagdszene im afrikanischen Busch mit erlegtem Löwen, in der Mitte der Pappwand war ein Loch, über dem Loch ein Tropenhelm. Auf dem Photo sah man das strahlende Gesicht des kleinen gallizischen Schneiders im Safari-Look. Dieses bei ihm gefundene Foto brachte den Handwerker in Untersuchungshaft. «Nur großbourgeoise Blutsauger konnten sich im faschistischen Polen derartige Luxusjagden leisten», stellte der NKWD-Richter fest und verpaßte dem Klassenfeind die «üblichen zehn», – eine zehnjährige Freiheitsstrafe.

Ähnlich gingen die Sowjets mit angeblichen Großbauern um. Eine Bäuerin aus dem Dorf Antonówka, im Kreis Zydaczów der Stanislauer Woiwodschaft, wurde mit Mann und Kindern in die Gegend von Archangelsk zum Holzfällen verbannt: «Am ersten Tag, bei der Registrierung, haben sie uns gesagt, daß wir Kulaken waren, daß unsere Höfe beschlagnahmt wurden, damit wir in der Sowjet-Union arbeiten lernen. Wir waren aber nur Pächter mit fünf Morgen Land. Gleich nach ihrem Einmarsch in Antonówka haben die Bolschewisten unseren greisen Gutsherrn verhaftet und in die sibirische Taiga verschleppt. Dann, im Februar, haben sie auch uns Pächter nach Sibirien gebracht.»

Genauso willkürlich wurde von den sowjetischen Besatzungsbehörden festgelegt, wer «staatstragendes Element» sei. In dem 8000 Einwohner zählenden Städtchen Wilejka an der Wilia und auch in den umliegenden Siedlungen hatte das NKWD über tausend Männer verhaftet, weil ihre Namen auf den Mitgliederlisten verschiedener regierungsnaher Parteien oder Organisationen standen, manche davon noch aus den Zeiten des Ersten Weltkrieges. Viele dieser Menschen wurden zwei Jahre lang ohne Urteil festgehalten und erst am 24. Juni 1941, zwei Tage nach dem deutschen Überfall auf die Sowjet-Union, mußten sie einen Fußmarsch ins Innere des Landes antreten. Zwanzig Häftlinge, als marschunfähig eingestuft, wurden auf der Stelle erschossen.

Kurz nach der Verschleppung von 200 000 Kriegsgefangenen wurden die übrigen Vertreter des «panskaja Polscha», des «herrschaftlichen Polens», verhaftet und verschickt. Es waren Polizisten und Verwaltungsbeamte, Parteipolitiker und Förster, Richter und Staatsanwälte, Offiziersfrauen mit ihren Kindern, Großgrundbesitzer und Großbauern, Industrielle und Kaufleute, sowie die sogenannten Ansiedler, größtenteils ehemalige Soldaten der Pilsudski-Legionen, die nach dem Ersten Weltkrieg mit staatlicher Hilfe Grund und Boden in den von Ukrainern und Belorussen bewohnten Landkreisen erworben hatten.

In den knapp zwei Jahren vom September 1939 bis Juni 1941 sind bis zu eineinhalb Millionen Bewohner der annektierten Gebiete Ostpolens nach Rußland verschleppt worden, davon fast 900 000 im Rahmen von vier großangelegten, unter persönlicher Aufsicht des NKWD-Generals Sjerow durchgeführten Deportationen. Rund 150 000 Männer wurden in die Rote Armee einberufen, 20 000 zu Zwangsarbeiten nach Rußland verschleppt, weitere 20 000 ließen sich, durch die Propaganda geblendet, freiwillig als Sowchosbauern oder Bergleute anwerben. Etwa ein Drittel aller Deportierten – 440 000 – landete in Gefängnissen oder Straflagern, der Rest wurde in verschiedene Verbannungsorte Zentralasiens oder Sibiriens gebracht. Die Hälfte der Deportierten waren gebürtige Polen, 30 Prozent Juden, 20 Prozent Ukrainer und Belorussen. Etwa jeder vierte von ihnen war noch nicht einmal 14 Jahre alt.

Im Winter 1939 konnten die Einwohner von Lemberg, Stanislau, Wlodzimierz, Brest und einigen anderen Städten des besetzten Ostpolens ein für sie erstaunliches Bild sehen: Deutsche Militärautos mit deutschen Offizieren fuhren zusammen mit ihren uniformierten sowjetischen Verbündeten durch die Straßen der Städte. Es waren Angehörige einer von Berlin entsandten deutschen Kommission, die eine mit Moskau vereinbarte Repatriierung von Deutschen sowie deutschstämmigen Polen, Ukrainern und Belorussen in das Generalgouvernement vorzubereiten hatte. Die Sowjets stellten auch Flüchtlingen aus der deutschen Besatzungszone frei, in das Generalgouvernement zurückzukehren. Sie mußten sich lediglich von den NKWD-Organen registrieren lassen.

Mehrere Hunderttausend entschlossen sich daraufhin, in ihre Heimat zurückzukehren. Unter ihnen gab es auch einige zehntausend Juden, die noch im Spätsommer 1939, unmittelbar nach dem deutschen Überfall auf Polen oder kurz danach, in die sowjetische Besatzungszone geflüchtet waren. Von dem NKWD genauestens registriert, wurden sie Ende Juni 1941 in Güterwaggons verladen und wegtransportiert – nicht in das Generalgouvernement, sondern in Richtung Osten. Diejenigen von ihnen, die in den folgenden fünf Jahren nicht in den Wäldern des russischen Nordens oder der kasachstanischen Steppe umkamen, konnten sich nach Kriegsende damit trösten, daß sie ihr Leben Stalins Grausamkeit zu verdanken hatten.

Bevor es aber zu den großen Deportationen kam, sollte die Annektion der Gebiete förmlich von der Bevölkerung anerkannt werden. Am 22. Oktober 1939 fanden in der ganzen sowjetischen Besatzungszone Wahlen zu den «Nationalversammlungen der Westukraine und Westbeloruß-lands» statt. Die propagandistischen und organisatorischen

126

Vorbereitungen zu dieser Veranstaltung hatten allerdings schon kurz nach dem Einmarsch der Roten Armee begonnen. Stalin glaubte, sich beeilen zu müssen, weil er fürchtete, daß Hitler über Nacht mit England und Frankreich Frieden schließen könnte, bevor die vollzogene Teilung Polens legalisiert war.

Die Wahlen wurden nach bewährtem sowjetischen Muster durchgeführt, sogar ein Großteil der Kandidaten kam aus dem sowjetischen Mutterland. Die Wähler sollten, wie es in allen Zeitungen stand, frei und unmißverständlich ihren Willen zum Ausdruck bringen. Wie das vor sich ging, schilderte ein damaliger Student der Technischen Universität in Lemberg:

«Nach der traditionellen Frage, ‹Wer ist dagegen?› haben ein paar Kommilitonen ihre Hände erhoben. Der Vorsitzende der Wahlversammlung wollte wissen, weshalb. Ich stand auf und sagte, ich möchte meine Stimme nicht dem vorgeschlagenen Kandidaten geben, sondern einen eigenen aufstellen. Darauf fragte der Vorsitzende, ob ich denn seinem Kandidaten vorwerfen könne, daß er kein ehrenwürdiger Mann sei, daß er jemanden getötet oder bestohlen habe. Ich antwortete: Nein, ich kann diesem Mann nichts vorwerfen, ich weiß überhaupt nichts über ihn. Darauf empfahl der Vorsitzende dem Kandidaten, uns seinen von ihm selbst verfaßten Lebenslauf vorzulesen. Der Kandidat wurde gewählt. An der Wahl selbst habe ich nicht teilgenommen, da ich bereits vier Tage zuvor verhaftet wurde.»

Noch weniger zimperlich gingen die neuen Herren mit den Wählern auf dem Lande um. Ein damaliger Bauer aus dem Dorf Wasowice erinnert sich: Diejenigen, die trotz der versprochenen Sonderration von einem Pfund Wurst und der angebotenen kostenlosen Droschkenfahrt ins Städtchen lieber zu Hause bleiben wollten, wurden von der Miliz «gefesselt, auf Fuhren verladen und zum Wahllokal abtransportiert».

Nach ihrer Wahl wandten sich die Volksvertreter, von denen viele bedeutend besser russisch als ukrainisch sprachen, in einem Schreiben an den Obersten Sowjet der UdSSR mit der Bitte, die von der Roten Armee «befreiten» Gebiete des «ehemaligen Polens» an die Sowjet-Union anzuschließen.

Der Bitte wurde stattgegeben. In zwei nacheinander erlassenen Beschlüssen vom 1. und 2. November 1939 wurden die besetzten Gebiete Südostpolens als Teile der Ukrainischen sowie der Belorussischen Sowjetrepublik erklärt. Mit einem dritten Erlaß vom 29. November wurden die Einwohner der «Westukraine» und «Westbelorußlands» pauschal zu sowjetischen Staatsangehörigen gemacht. Wer die Annahme des fremden Passes mit Hammer und Sichel abzulehnen wagte, dem drohte die Verbannung.

Erstaunlich schnell begann in jenem Herbst 1939 das äußere Gesicht ostpolnischer Städte dem der sowjetischen zu ähneln: Leergefegte Ladenregale, in den Schaufenstern Porträts von Marx, Engels, Lenin und Stalin, rote Fahnen und riesige Spruchbänder. («Wir danken dem Genossen Stalin, unserem Vater und Befreier») an den Häuserfassaden, an den Straßenecken aufgestellte Lautsprecher, aus denen von morgens bis abends russische und ukrainische Volkslieder dröhnten. Und in den Parks, die jetzt Städtische Parks für Kultur und Erholung hießen, gab es an jedem Sonntagnachmittag Vorträge über Dialektik und historischen Materialismus. In der Aleja Lipowa, einer von uralten Linden umzäunten Allee, die zu dem Stadtpark in Stanislau führte, waren die zwei Meter dicken Baumstämme mit Agitationsplakaten geschmückt. Darauf war ebenfalls ein Baum zu sehen, und auf den Ästen stand: «Offiziere», «Polizisten», «Großgrundbesitzer». Darunter die Belehrung: «Es genügt nicht, die Äste abzuhacken, der Baum muß samt Wurzeln gerodet werden!»

Einige Monate später mußten die neuen Sowjetbürger erneut zur Urne gehen. Diesmal sollten sie ihre Delegierten zu dem Obersten Sowjet der UdSSR wählen. Eine der Lemberger Delegierten, die zuvor wenig bekannte polnische Schriftstellerin und Vertraute Stalins, Wanda Wasilewska, hatte später unter Freunden geschildert, wie völlig wirkungslos die sowjetische Propaganda war. Nach ihrer Wahlrede vor einer großen Frauenversammlung wurde sie von mehreren Zuhörerinnen umkreist und eine der Frauen sagte zu ihr: «Sie haben uns, Gnädigste, sehr gefallen, und wir alle werden Ihnen herzlich gerne unsere Stimmen geben. Nur um das eine flehen wir Sie, Gnädigste, an: Beschützen Sie uns vor den Bolschewiken!»

Sie wollte es nicht, noch konnte sie es. Von nun ab durften sich die von Verbannung vorerst verschonten Einwohner dieser Gebiete nur noch, wenn sie das nachweisen konnten, als Polen «nationaler Abstammung» bezeichnen – wie etwa die Ukrainer, Juden, Tadschiken oder Kirgisen in der Sowjet-Union. Keiner von ihnen konnte damals ahnen, daß die in sowjetischen Pässen neben der üblichen Rubrik «Staatsangehörigkeit» vorgeschriebene und von den Betroffenen als diskriminierend empfundene Rubrik «Nationalnost» eines Tages eine schicksalhafte Bedeutung erlangen würde: Nach Kriegsende durften nur noch gebürtige Polen, nicht aber die aus Südostpolen stammenden Ukrainer und Belorussen, in die Volksrepublik Polen zurückkehren.

Nicht einmal jeder zweite Vertriebene freilich hat die Verbannung überlebt. Ein Landwirt aus dem Kreis Husiatyn der Stanislauer Woiwodschaft berichtete: «Viele Kinder waren bereits auf dem Weg zur Eisenbahnstation erfroren. Die Schreie der Mütter waren so schrecklich, daß man wahnsinnig werden konnte.» Die Fahrt – bei 30 und mehr Grad Kälte – in unbeheizten Güterwaggons dauerte drei oder auch vier Wochen. «Unterwegs nach Sibirien gab es täglich durch Hunger und Kälte ein paar Tote. Die Leichen erfrorener Kinder wurden während der Fahrt direkt in den Schnee oder in einen mit Eis bedeckten Fluß geworfen.» An den Loks der Güterzüge waren Stalin-Porträts befestigt. Der neue Gebieter Ostpolens blickte darauf mit einem gütigen Lächeln in die Ferne.

Noch rücksichtsloser ging das NKWD ab 22. Juni 1941 vor, als Hitlers Truppen in Ostpolen einmarschierten und die völlig unvorbereitete Rote Armee zu einem panikartigen Rückzug zwangen. Stalins politische Polizei ließ als erstes die etwa 150 000 Insassen der Gefängnisse evakuieren. Nach vorsichtigen Schätzungen wurden etwa 30 000 Häftlinge gleich in den Gefängnissen erschossen oder zusammen mit dem Gebäude in die Luft gesprengt. Der Rest wurde meist zu Fuß gen Osten getrieben. Ein Bauer, der diesen Marsch überlebt hat, berichtete später:

«Am 22. Juni 1941 wurden wir aus dem Lemberger Gefängnis hinausgeführt und marschierten bis Moskau.» Der Zug dauerte über zwei Monate, die der ehemalige Häftling in nur einem Satz schildert: «Wer aus Erschöpfung nicht mehr gehen konnte, wurde mit dem Bajonett erstochen. Ein Wächter prüfte den Puls. War der Mann noch nicht tot, stach er zum zweiten Mal zu.»

Bereits am 5. Juli 1941, zwei Wochen nach dem deutschen Überfall auf die Sowjet-Union, begannen in London Gespräche zwischen dem Chef der polnischen Exil-Regierung, General Sikorski, und dem Londoner Botschafter der UdSSR, Iwan Majskij. Da Stalins bisheriger Verbündeter nunmehr gemeinsamer Feind war, sollten beide einen neuen sowjetisch-polnischen Vertrag vorbereiten.

Die Verhandlungen waren schwierig, weil Stalin nicht einmal jetzt, in seiner schwersten Stunde – deutsche Truppen standen vor Moskau und Leningrad – bereit war, auf die territorialen Eroberungen zu verzichten. Die Polen forderten, im Vertrag müsse die Rückkehr zu der alten polnisch-sowjetischen Grenze festgelegt werden. Die Sowjets dagegen waren zwar bereit, den Pakt Ribbentrop-Molotow nunmehr für null und nichtig zu erklären, das künftige «unabhängige Polen» wollten sie aber nur in seinen «ethnographischen Grenzen» anerkennen, also ohne die Ostgebiete, deren ukrainische und belorussische Bevölkerung sich in den angeblich freien Wahlen vom Herbst 1939 für einen Anschluß an die Sowjet-Union ausgesprochen hätte.

Unter massivem britischen Druck wurde der Vertrag schließlich unterzeichnet, wobei jede der beiden Seiten bei ihrer eigenen Auslegung der Grenzfrage blieb. Der Haupt-grund für Sikorski, den Vertrag zu unterzeichnen, war die von Stalin angekündigte Gründung einer polnischen Armee in der Sowjet-Union und die Zusage des Sowjetdiktators, sämtliche polnische Häftlinge in der UdSSR, Kriegsgefan-gene wie Zivilisten, freizulassen. (Im Zusatzprotokoll zu dem Vertrag war von einer «Amnestie» die Rede, als ob es sich um rechtskräftig verurteilte Verbrecher handle.)

Ausgehungert und ausgezehrt, viele krank und fast alle in Lumpen, trafen die Freigelassenen in dem Städtchen Busuluk bei Kujbyschew ein, wo sich die neue Armee unter dem Kommando des ebenfalls aus dem Moskauer Butyrki-Gefängnis freigelassenen Generals Anders formierte. Einer seiner damaligen Mithäftlinge, ebenfalls Offizier, erzählte von einem Gespräch mit dem verhörenden NKWD-Funk-tionär. Der Häftling: «Alle 35 Millionen Polen werdet Ihr sowieso nicht umbringen können.» Darauf der Geheimpoli-zist: «Sie sind naiv, in unseren Gefängnissen und Lagern haben wir mehr Leute zur Vernunft gebracht, als Ihr ganzes aufmüpfiges Völkchen zählt.»

Gegen die Deutschen und für Polen wollten sie aber alle kämpfen. Doch die Schwierigkeiten bei der Aufstellung der neuen Armee häuften sich. Vor allem vermißten die Polen die Tausende eigener Offiziere und beharrten darauf, diese unverzüglich freizulassen, ohne zu ahnen, daß die Offiziere längst tot waren. Dazu kam, daß die Anders-Armee, deren zahlenmäßige Stärke von den Sowjets auf höchstens 96 000 Mann festgesetzt wurde, keineswegs, wie es die polnische Exil-Regierung geplant hatte, als Ganzes in den Kampf gegen die Deutschen ziehen durfte. Stalin wollte sie Divi-sion nach Division an die Front schicken, damit sie in dem Ozean der Roten Armee aufgeht und so ihr politisches Gewicht verliert.

Als im März 1942 die Zahl der Verpflegungsrationen (300 Gramm Brot pro Kopf und Tag) für die polnische Armee reduziert wurde – inzwischen war fast die Hälfte (44 Prozent) der Mannschaften und des Offizierskorps an Typhus, Ruhr oder Malaria erkrankt – entschied die polnische Exil-Regierung in London mit britischer Unterstützung, die Anders-Divisionen aus der UdSSR herauszuholen. Stalin erklärte sich einverstanden. Von den antisowjetisch eingestellten Polen, die sich nicht innerhalb russischer Frontverbände einsetzen ließen, erwartete er nur Schwierigkeiten, vor allem, wenn sie in geschlossenen Formationen als Befreier in ihre Heimat zurückkehren würden.

In der Zeit zwischen April und August 1942 wurden rund 115 000 Soldaten der Anders-Armee sowie als deren Familienangehörige registrierte Zivilisten über den Iran in den Nahen Osten verlegt. Einige Tausend von ihnen werden später in den Schlachten um Monte Cassino, Ancona und Bologna fallen, nicht aber auf polnischem Boden kämpfen. Nach Polen sollten sie erst nach Kriegsende zurückkehren dürfen.

Durchaus nicht alle Auswanderungswillige durfte General Anders in den Iran mitnehmen. Nach dem sowjetischen Dekret vom 29. November 1939 galt jeder, der am 1. und 2. November 1939 seinen festen Wohnsitz in dem annektierten Ostpolen hatte, als Bürger der Sowjet-Union; mit der polnischen Armee des General Anders durfte er nur dann auswandern, wenn er sich als Pole «nationaler Abstammung» ausweisen konnte.

Obwohl antisemitische wie auch antiukrainische Tendenzen in der Anders-Armee nicht selten waren, blieb der General hartnäckig gegenüber den Sowjets. So konnten über 4000 Juden mit seiner Armee die Sowjet-Union verlassen. Ukrainer, Belorussen und Litauer dagegen, auch wenn ihre Familienangehörige als Soldaten in den polnischen Divisionen dienten, mußten bleiben.

Kurz nach dem Abmarsch der Anders-Armee begann der Kreml, eine neue polnische Truppe aufzustellen, denn in den entferntesten Siedlungen des sowjetischen Imperiums lebten noch immer etwa 700 000 Polen. Stalin befahl, die dienstfähigen von ihnen zu mobilisieren und in den Reihen einer neuformierten, von sowjetischen Offizieren kommandierten polnischen Armee zuerst an die Front und dann in die von den Deutschen befreiten Teile Polens zu führen. Die Aufgabe wurde den in der Sowjet-Union noch lebenden polnischen Vorkriegskommunisten übertragen.

Kaum ein Pole, der damals nicht bereit war, in den Kampf gegen Hitlers Truppen zu ziehen und mit der Waffe in der Hand in seine Heimat zurückzukehren. So wurden die einst in Richtung Osten Gejagten nun von russischen Offizieren gen Westen geführt. Am 18. März 1945 standen Regimenter der I. Polnischen Armee des Sowjetgenerals Poplawskij, die nach blutigen Kämpfen Kolberg erobert hatten, bis zu den Knien im Wasser der Ostsee und legten einen feierlichen Schwur ab, sich niemals mehr von deren Ufern verdrängen zu lassen.

Als sie den verwüsteten heimatlichen Boden betraten, konnten sie kaum noch Illusionen hegen: Das einst zwischen Hitler und Stalin geteilte und nun von Stalins Armeen im Kampf gegen Hitler wieder befreite Polen sollte erst an der «Hitler-Stalin-Linie» beginnen. Das hatten nicht nur die Herrscher im Kreml, sondern auch Polens Westalliierte bereits Ende November 1943 in Teheran beschlossen.

Die Polen sollten die folgenschweren Beschlüsse, so wurde vereinbart, möglichst spät erfahren. Das geschah in Moskau am 13. Oktober 1944, als der damalige Chef der polnischen Exil-Regierung, Stanislaw Mikolajczyk, in Anwesenheit des britischen Premierministers Churchill einmal mehr versucht hatte, bei den sowjetischen Führern Zugeständnisse in Sachen der polnischen Ostgrenze zu erreichen und sich dabei auf die Anglo-Amerikaner berief. «Plötzlich», berichtete später Jan Ciechanowski, damaliger polnischer Botschafter in Washington, «kam Molotow mit einer überraschenden Bemerkung. Er sagte, es schiene ihm notwendig, alle Anwesende daran zu erinnern, daß Präsident Roosevelt bereits in Teheran seine volle Zustimmung zu der Curzon-Linie als sowjetisch-polnischer Grenze geäußert und sie als eine gerechte Lösung bezeichnet hat.» Der amerikanische Präsident hätte damals nur hinzugefügt, er ziehe es vor, seine Zustimmung im Augenblick noch nicht öffentlich zu verkünden.

Molotow machte eine Pause und wartete ab, ob Churchill, Eden und Harriman die Herausforderung annehmen werden. Sie taten es nicht. Dann konnte die Diskussion auf die Frage der künftigen polnischen Westgrenze gelenkt werden. Molotow: «Als Polens Westgrenze ist in Teheran die Oder-Linie vorgeschlagen worden. Ich kann mich nicht erinnern, irgendjemand hätte dagegen Vorbehalte geäußert.»

Churchill: «Ich habe ebenfalls zugestimmt.»

Eden: «In Teheran wurde das so formuliert, daß die neue Grenze Polens im Westen so nahe der Oder verlaufen sollte, wie es die Polen wünschten.»

Churchill: «In Ostpreußen erstrecken sich die für Polen vorgesehenen Territorien westwärts und südwärts von Königsberg. Wird die neue, vereinigte polnische Regierung bereit sein, die Curzon-Linie . . . anzuerkennen?»

Mikolajczyk: «Ich bin zu einer solchen Erklärung nicht bevollmächtigt.»

Die Exil-Regierung in London war dazu, trotz massivem anglo-amerikanischen Druck und gegen das Veto ihres Premiers Mikolajczyk, nicht bereit. Edens Argument, Danzig sei für Polen «mit Sicherheit nicht weniger wert als Lemberg», zeigte genauso wenig Wirkung, wie Stalins Zusatzangebot, «nicht nur Danzig, sondern auch Stettin» käme in Frage. Nicht weil die Exilpolitiker etwa moralische Vorbehalte gehabt hätten; für ein starkes unabhängiges Polen von den Karpaten bis zur Ostsee wären sie schon irgendwie zu gewinnen gewesen. Aber in der gegebenen geopolitischen Situation waren sie sich darüber im klaren, daß eine derartige territoriale Entschädigung für die annektierten Ostgebiete Polens auf Kosten Deutschlands zu einer dauerhaften Ankettung des Landes an Moskau führen würde.

Auch der Vorbehalt, die West- und Nordgrenze Polens erst in einem künftigen Friedensvertrag endgültig festzulegen, wurde von den Exil-Politikern als eine womöglich gefährliche Falle, zumindest aber als ein dauerhafter Konfliktherd in den Beziehungen zu Deutschland betrachtet, was wiederum die Abhängigkeit Polens von der Sowjet-Union nur verewigen würde.

Premier Mikolajczyk, der sich letztendlich dem britischen Druck gebeugt hatte, aber seine Kabinettskollegen nicht überzeugen konnte, trat zurück. Sein Nachfolger, der Sozialist Arciszewski, blieb seinen Grundsätzen treu: «Weder Breslau noch Stettin. Was wir verlangen, sind unsere ethnischen und historischen Territorien, die unter deutsche Oberhoheit gelangt sind.»

Anders dagegen die polnische Linke in der sowjetischen Einflußzone. Während die Exilanten in London ihren aussichtslosen diplomatischen Kampf um Lemberg und Wilna fortsetzten, wurde am 27. Juni 1944 in Moskau ein geheimes Grenzabkommen zwischen der sowjetischen Regierung und dem «Polnischen Komitee Nationaler Befreiung» abgeschlossen. Wie das vor sich ging, protokollierte in seinem Tagebuch der Vorsitzende des Komitees und künftiger erster Premierminister Volkspolens, Edward Osóbka-Morawski:

«Um uns die bittere Pille der Ostgrenze zu versüßen, knüpfte Marschall Stalin an die Frage der Westgrenze an und informierte uns über die Teheraner Beschlüsse. Wir meldeten unsere Vorbehalte zu der Teheran-Linie an: Sie sei unnötig lang, weil sie unregelmäßig verläuft. Sollte man sie begradigen, dann würde unsere Grenze zu den Deutschen statt 1000 nur etwa 500 Kilometer lang und damit auch leichter zu verteidigen sein. Die Sowjet-Union habe ja im Osten ihre Grenzen auch unter Berücksichtigung strategischer Gesichtspunkte abgesteckt, indem sie sämtliche Festungen, wie etwa Königsberg, Grodno, Brest und Lemberg dem eigenen Territorium angeschlossen hat. Daraufhin nahm Stalin seinen dicken roten Bleistift und zog eine neue Westgrenze auf der Landkarte, die schon bald unsere Wirklichkeit wurde.»

Bevor noch die Großen Drei in Potsdam zusammenkamen, wurde die inzwischen gebildete Polnische Provisorische Regierung von dem Verteidigungsrat der UdSSR aufgefordert, in den von der Roten Armee bereits eroberten ehemaligen deutschen Gebieten unverzüglich mit dem Aufbau einer polnischen Verwaltung anzufangen. Es wurde beschlossen, daß ein 60 bis 100 Kilometer langer Streifen entlang der jeweiligen Frontlinie unter Befehlsgewalt der Roten Armee bleiben würde, damit eine wirksame Bekämpfung «feindlicher Agenten» gewährleistet sei. Östlich dieses Streifens hingegen würde die Macht der polnischen Verwaltung übergeben – nicht jedoch für jene wirtschaftlichen Objekte, die für die eigenen Bedürfnisse der Roten Armee notwendig sind. Damit waren die künftigen Reibereien wegen der genannten «wirtschaftlichen Objekte» vorprogrammiert. Manches Mitglied einer polnischen Operationsgruppe wurde von den Rotarmisten kurzerhand erschossen und manches Objekt ging in Flammen auf. Am 14. Februar 1945 gab die damals weder von England noch von den USA anerkannte Provisorische Regierung bekannt, sie habe bereits mit der «Eingliederung deutscher Vorkriegsterritorien» begonnen.

Nur vier Wochen später waren vier neue Verwaltungsbezirke – Oberschlesien, Niederschlesien, Westpommern, Warmien und Masuren – sowie die autonome Woiwodschafts-Stadt Breslau bereits auf den in der UdSSR neugedruckten Landkarten Polens verzeichnet.

Was nun bevorstand, hatte Molotow als «Kleinigkeit» bezeichnet. Churchill später, freilich erst als Oppositionsführer, eine «Tragödie ungeheuren Ausmaßes»: die «Operation Swallow» (Schwalbe), die Vertreibung der Deutschen.

Es war in erster Linie eine Tragödie der Millionen Deutschen. Sie wurden für die verbrecherischen Handlungen ihres Hitler-Regimes persönlich haftbar gemacht, zahlten mit dem Verlust ihrer engeren Heimat, in vielen Fällen sogar des Lebens oder auch des Lebens ihrer Kinder, weil die Großmächte sich für eine, diesmal nicht von Hitler, sondern von Stalin konzipierte Neuordnung Europas entschieden hatten.

Es war aber zugleich auch eine Tragödie der Polen. Diese Nation hatte sich als erste der Expansion der Nazis widersetzt, hatte in Auschwitz wie im Archipel Gulag nicht nur Unbeschreibliches erlitten, sondern sich dort auch mit Haß anstecken lassen. Polen hatte durch einen verbrecherischen, zwischen zwei fremden Despoten abgeschlossenen Teilungsvertrag die Hälfte seines Territoriums und ein Drittel seiner Bevölkerung verloren, der das Kriegsende, obwohl sie es im Lager der Sieger feiern durfte, nicht ihre verlorene staatliche Souveränität zurückbrachte. Es war die Tragödie eines Landes, dessen Bevölkerung einst von anderen heimatlos gemacht, nun in die Heime anderer zog, weil sie glaubte oder sich davon überzeugen ließ, ein Recht darauf zu haben. Daß dieses mit dem Grundsatz einer Kollektivschuld und Kollektivverantwortung begründete Recht nur durch Unrecht zu verwirklichen war – auch dies gehörte zur Fortsetzung der polnischen Tragödie.

Nur sechs Wochen nach Kriegsausbruch hatte US-Präsident Roosevelt in einer Botschaft an das Intergovernmental Committee of Political Refugees prophezeit: «Der Krieg wird eines Tages zu Ende sein, und die Realisten unter uns wissen, daß die Welt vor einem Flüchtlingsproblem völlig neuer Art und eines unendlich größeren Ausmaßes stehen wird. Wenn dieser gespenstische Krieg zu Ende ist, dann kann es nicht eine Million, sondern 10 oder 20 Millionen Männer, Frauen und Kinder als Flüchtlinge geben.» Die Wirklichkeit hat die Voraussage des amerikanischen Präsidenten noch übertroffen.

In jener Zeit gehörten die Fremdworte «Repatriacja» und «Repatriant», Heimkehr und Heimkehrer, genauso zur polnischen Umgangssprache wie im Nachkriegsdeutschland das Wort Flüchtling. Die Polen bestanden damals aus Repatrianten und Nicht-Repatrianten, wobei es bei den ersten eine Reihe von Unterteilungen gab. Vor allem galt es, zwischen Repatrianten aus dem Westen und denen aus dem Osten zu unterscheiden. Die «Westler» hatten die Kriegsjahre als KZ-Häftlinge oder Zwangsarbeiter im Dritten Reich (1944: über zwei Millionen), bei der Anders-Armee in Italien oder im mittleren Osten (insgesamt 250 000) oder als Schiffbrüchige irgendwo in der Welt, sei in China, auf Mauritius oder in Indien, verbracht.

Bei den Polen aus dem Osten gab es wiederum zwei große Gruppen. Da waren einmal die «Sabuschanie», Polen jenseits des Flusses Bug, also Umsiedler aus den ehemals polnischen Ostgebieten, die jetzt zur Ukrainichen oder Belorussischen Sowjetrepublik gehörten. Die zweite Gruppe wurde «Sybiriacy» genannt: Es waren Freigelassene aus sowjetischen Gefängnissen, Verbannungsorten und Arbeitslagern sowie ehemalige freiwillige Flüchtlinge, die weder in die Anders-Divisionen noch in die prokommunistische I. Polnische Armee eingezogen worden waren und erst nach dem Kriegsende die Sowjet-Union verlassen durften. Hinzu kamen demobilisierte Soldaten der I. Armee, die jetzt auf dem Weg zu ihren neuen Siedlungsorten im eroberten Westen waren. Auch Ukrainer und Belorussen waren in die Sowjet-Union oder in die Oder-Neiße-Gebiete unterwegs. Und schließlich gab es auch die vier Millionen zurückgebliebener Deutschen, die ebenfalls zu «repatriieren» waren. Vom Staat organisierte Massenumsiedlungen, noch am Anfang des Jahrhunderts als völkerrechtswidrig betrachtet, waren zu einem von der Weltöffentlichkeit akzeptierten Mittel zur Lösung internationaler und national-politischer Probleme geworden. Britenpremier Churchill dazu:

«Vielen Millionen Menschen müssen im Osten, Westen und Norden umgesiedelt werden, genauso wie die Deutschen, denn um eine vollständige Aussiedlung aus den Territorien, die Polen im Westen und im Norden bekommen hat, geht es vor allem. Wir müssen uns darüber im Klaren sein, daß die Aussiedlung die befriedigendsten und dauerhaftesten Ergebnisse bringen wird.»

Somit konnte die polnische Führung mit einigermaßen gutem Gewissen behaupten, ihr Weg, Konflikte zwischen Nationalitäten eines Landes durch Massenaussiedlungen zu lösen, sei eigentlich nur eine konsequente Durchführung jener Richtlinien, die von den Großmächten festgelegt worden sind.

Auf einer Sitzung des polnischen KP-Führungsgremiums sagte Parteichef Gomulka: «Falls wir es nicht schaffen, die ehemals deutschen Gebiete zu polnischen Gebieten zu machen, dann werden wir keine Grundlage haben, um das wiederzukriegen, was man uns nicht mehr zurückgeben will.» Zwei Wochen später, während eines Treffens mit Warschauer KP-Aktivisten wurde Gomulka deutlicher: Bevor die «endgültige Entscheidung über diese Gebiete getroffen» wird, müßten unbedingt «vollendete Tatsachen» geschaffen werden.

Polen und Sowjets trieben zur Eile, weil sich die Politik der Westalliierten gegenüber Deutschland rapide änderte. Nach Roosevelts Tod begann sich in den USA die Einsicht durchzusetzen, daß die Großmächte in Jalta einen Fehler historischen Ausmaßes begangen hatten, der vielleicht noch, mindestens teilweise, zu korrigieren wäre. Die amerikanischen Proteste an Moskau, etwa wegen der eigenwilligen Übergabe der Verwaltung in den Oder-Neiße-Gebieten der Polen, klangen immer schärfer. Stalins Außenminister Molotow damals zum späteren polnischen Staatsoberhaupt Bierut: «Die können sich mit ihren Protesten zum Teufel scheren, aber beeilt euch, verdammt nochmal!»

Sollten die Polen die bereits beschlossene vollständige Vertreibung der Deutschen nicht schnellstens durchführen, dann würde wahrscheinlich ihre neue Nord- und Westgrenze in Frage gestellt werden. Auf der Potsdamer Konferenz wurde Stalin vom Briten-Premier Churchill so sehr eingeheizt, daß er die Polen drängte, ihre Grenze in Schlesien um etwa 20 Kilometer zurückzunehmen. Die Polen lehnten ab, und die Amerikaner stimmten ihnen zu: Sie hatten von Churchills Demarche nichts mitbekommen.

Wie sehr Stalin schwankte, zeigte sich in Stettin, wo die Polen insgesamt dreimal die Verwaltung an die Rote Armee zurückgeben mußten. Und dem amerikanischen Außenministerium wurde im August 1946 von US-Diplomaten gemeldet, die Sowjets hätten ihre polnischen Gesprächspartner Bierut und Gomulka darauf hingewiesen, daß die Oder-Neiße-Grenze möglicherweise nach Osten verschoben werden müsse und Stettin sowie Niederschlesien an die Deutschen zurückkäme. Dafür würden die Polen von den Russen die ölreichen Gebiete um Boryslaw und Drohobytsch zurückerhalten. Grund: Überlegungen der sowjetischen Führung, die kommunistische Partei der Ostzone zu stärken und für ganz Deutschland attraktiv zu machen.

Um ihre «wiedergewonnenen Gebiete», wie sie von nun ab heißen sollten, zu sichern, mußten die Polen in kürzester Zeit Millionen ihrer Landsleute an der Oder und Neiße ansiedeln. «Jeder Pole wird gebraucht!», hieß die Losung – und sie stimmte wie kaum eine in den künftigen Jahrzehnten. Das Erste, was der polnischen Führung in der neuen Situation einfiel, war eine militärische Lösung. Entlang der Grenze, nicht aber in Ostpreußen, sollten als eine Art Schutzkordon 100 000 Armeeangehörige samt Familien angesiedelt werden. «Die Soldaten», erläuterte Marschall Rola-Zymierski das Projekt, «werden gleichzeitig den Boden bearbeiten und ihren Wehrdienst tun.» Für den Anfang wurde eine aus sechs Regimentern bestehende Division nach Ostpommern, das jetzt Westpommern hieß, abkommandiert, um 255 Landgüter mit einer Gesamtfläche von 111 000 Hektar in Besitz und Schutz zu nehmen.

Es war eine Aufgabe von historischer Dimension, die großen Gebiete im Westen zu besiedeln, denn die Bevölkerungsverluste waren erschreckend: Von den 35,2 Millionen Menschen, die innerhalb der Vorkriegsgrenzen Polens lebten, waren – laut der Volkszählung vom Februar 1946 – nur noch 20,5 Millionen gebürtiger Polen geblieben. Die meisten Angehörige ethnischer Minderheiten, insgesamt über 700 000, sollten schon bald das Land verlassen.

Hinzu kamen noch jene etwa drei Millionen Polen, die zum Kriegsende über alle Kontinente verstreut waren. Auch von den 5,2 Millonen Polen, die 1939 in den östlichen Gebieten des Landes gelebt haben, konnten – so hoffte die polnische Führung – 2,2 bis 2,7 Millionen aus der UdSSR nach Polen umgesiedelt werden. Zur ersten Gruppe gehörten 2 bis 2,2 Millionen polnischer Zwangsarbeiter in Deutschland, von denen sich bei Kriegsende 400 000 östlich der Oder-Neiße befanden. Hinzu kamen die 50 000 bis 80 000 Häftlinge jener Konzentrationslager, die nicht auf polnischem Boden lagen. Etwa 400 000 polnische Staatsbürger hatten bei der deutschen Wehrmacht gedient und schließlich gab es im Westen noch 250 000 Offiziere und Soldaten der Anders-Armee. Diese Millionen von Polen so schnell wie möglich heimzuholen, war eine nationale Aufgabe von größter Dringlichkeit.

Schon am 7. Oktober 1944 – es gab noch keine polnische Regierung – wurde in Lublin ein «Staatsamt für Repatriierung (PUR)» gegründet, das zur Aufgabe hatte, Polen aus anderen Ländern zurückzuholen. Später kam ein dem PUR übergeordnetes Amt des Regierungsbeauftragten für Repatriierung hinzu, sowie das auch für Repatriierungsangelegenheiten zuständige «Ministerium für Wiedergewonnene Gebiete» mit Parteichef Wladyslaw Gomulka an der Spitze.

Doch mit den Ämtern allein war es nicht getan. Die in aller Welt verstreuten Polen mußten zur Heimkehr bereit sein – und da gab es erhebliche Schwierigkeiten. In einer in Dachau kurz nach der Befreiung des Lagers durchgeführten Umfrage sprachen sich nur 30 Prozent der Polen für eine «sofortige Rückkehr» aus, während der Rest lieber abwarten wollte, «bis sich die Verhältnisse normalisieren».

So brach in den Stäben der Westalliierten ein verbissener Kampf um die Seelen der Polen in aller Welt aus. Während die aus dem Osten angereisten Verbindungsoffiziere, von den Engländern, Amerikanern und Franzosen nach Kräften unterstützt, an die patriotischen und familiären Gefühle der polnischen Landsleute appellierten, gaben sich General

Anders und seine Offiziere nicht weniger Mühe, Heimkehrkandidaten von diesem Schritt abzuhalten. Anders: «Wir werden schon zurückkommen, jedoch in ein unabhängiges Polen, und nicht in eine 17. Sowjet-Republik.»

Wie verzweifelt die Polen nach Rückkehrern suchten, zeigt eine Episode aus dem Sommer 1947. Am 11. August übergab die polnische Militärmission in Berlin dem Alliierten Kontrollrat eine Note, in der sie die Briten aufforderrte, etwa 100 000 Polen aus dem Rheinland und aus Westfalen, deren Familien und Vorfahren in der Vorkriegszeit, zum Teil schon im 19. Jahrhundert zumeist als Kumpel an die Ruhr gezogen waren, nach Polen zurückzuschicken. Sie hätten sich dort in einem Polen-Verband organisiert, argumentierte der Leiter der polnischen Militärmission, Generalmajor Dr. G. Prawin, und er fände, «daß die freie Rückkehr ins eigene Vaterland eines der fundamentalen demokratischen Rechte» sei. Aber nur etwa 4 500 Ruhr-Polen kehrten zurück, darunter 391 Bergleute, zumeist aber Frauen, Alte und Kinder.

Bessere Ergebnisse erzielten die Polen in Thüringen und Sachsen, obwohl die Heimkehrer aus der sowjetischen Besatzungszone ihr Hab und Gut nicht mitnehmen durften. 13 000 Polen kehrten aus dieser Region heim. Die größten Hoffnungen hatte Warschau auf die 400 000 Landsleute gesetzt, größtenteils kommunistisch orientierte Arbeiter, die aus der Vorkriegszeit in den französischen Industrie- und Kohlerevieren Nord und Pas-de-Calais lebten. Mitte Mai 1946 verließ den Bahnhof Lens in Pas-de-Calais der erste Transport mit 150 Bergarbeiterfamilien, sie wurden in Waldenburg angesiedelt. Bis Mitte 1947 waren es dann 33 500 Rückkehrer, darunter aber nur 2 800 Bergarbeiter. Von den 70 000 polnischen Emigraten in Belgien kamen bis 1950 nur etwa 4 500 zurück, unter ihnen der spätere Parteichef Edward Gierek.

Keineswegs alle ehemaligen polnischen Staatsbürger waren in ihrem neuen Heimatstaat erwünscht. Es hieß zwar – so Außenminister Modzelewski an General Eisenhower –

«wir brauchen jeden einzelnen Polen» und «alle Polen sind willkommen, außer faschistischen Elementen». Doch in der Praxis galt das Heimkehrangebot nur für gebürtige Polen und – halbherzig – polnische Juden (die auch größtenteils keinen Gebrauch davon machten), nicht aber für Deutsche und Ukrainer, auch wenn sie aus Zentralpolen stammten. Sie wurden von den polnischen Repatriierungsstellen automatisch an die sowjetischen Konsulate weitergeleitet.

Äußerst kompliziert war der Umgang mit den Volksdeutschen. In Polen selbst galten sie als Verräter und wurden, unter schlimmsten Bedingungen, in Lager gesperrt und später nach Deutschland vertrieben. Ausgenommen waren nur diejenigen, die, etwa im Warthegau oder in Danzig, von den Nazis gezwungen worden waren, sich in die «Volksliste» einzutragen. Von ihnen wurde bloß ein schriftliches Loyalitätsbekenntnis zum Polentum verlangt. Gleichzeitig baten die Polen die Westalliierten, Volksdeutsche aus Polen als Nazi-Kollaborateure zu behandeln.

Nicht viel besser erging es den sogenannten Autochthonen, den bodenständigen Polen aus den Oder-Neiße-Gebieten. Einerseits wurden Zehntausende von ihnen schikaniert und mancherorts als Freiwild behandelt, wenn sie nicht bereits, als Deutsche abgestempelt, aus dem Lande vertrieben worden waren. Gleichzeitig aber appellierte die polnische Repatriierungsmission an die aus der Wehrmacht entlassenen «Schlesier und Masuren, die sich zum Polentum bekennen», sie sollen sich für die Rückkehr in ihre polnische Heimat registrieren lassen. Vier Jahrzehnte später gab das zentrale Parteiorgan *Trybuna Ludu* zu, den Autochthonen in Masuren und Warmien sei viel Unrecht angetan worden. «Diese Menschen, die eineinhalb Jahrhunderte auf Polen gewartet haben, sahen sich gezwungen, massenweise in die Bundesrepublik auszuwandern.»

Die Haltung der Siegermächte gegenüber dem Repatriierungsproblem war unmißverständlich: so schnell und so viele wie möglich, ohne Zwang, aber mit Druck. Anfangs schickten die Alliierten nicht nur sowjetische Staatsbürger sofort und auch unter Zwang in den Osten zurück, sondern zuweilen auch Polen. So erging es beispielsweise einer Gruppe ehemaliger polnischer Zwangsarbeiter in Österreich, die im Mai 1945 von den Amerikanern befreit wurde. Diejenigen, deren Geburtsorte in dem von den Sowjets annektierten Teil Polens lagen, wurden zusammen mit ihren russischen Leidensgenossen abtransportiert. «Es gab drei Waggons voll mit Polen», berichtete einer, «in den übrigen Waggons saßen Russen. In Löben wurden wir von den Russen getrennt und nach Ungarn, in die Stadt Janoszhos, gebracht. Dort wurden die Jungen von den Alten getrennt und zusammen mit den russischen Gefangenen zuerst nach Wien und von dort aus nach Moskau gebracht.»

Polen, die lieber im Westen abwarten wollten, profitierten davon, daß die Sowjets zuerst ihre eigenen Leute, Kriegsgefangene wie Zwangsarbeiter, wieder in die Heimat brachten. Die sowjetische Repatriierungsaktion – 10 000 Menschen täglich – sollte bis zum 1. November 1945 abgeschlossen worden sein. Als die Transportmittel nach der Zwangsheimkehr der Russen entlastet wurden, erklärte sich General Wood, Chef der amerikanischen Repatriierungsmission, bereit, täglich 10 000 Polen in ihre Heimat zu befördern. Den Westalliierten, die mit der in Deutschland herrschenden Hungersnot nicht zurechtkamen, versuchten, Hunderttausende von Polen zu bewegen, in die Heimat zurückzukehren. Noch Ende Juni 1946 fragte der damalige Bürgermeister von New York und Chef der Flüchtlingsorganisation UNRA, La Guardia: «In der britisch-amerikanischen Besatzungszone halten sich immer noch über eine halbe Million Polen auf. Ihre Heimkehr ist die einzige vernünftige Lösung. Werden sie zurückkehren, wenn Warschau eine Garantie erteilt?»

Die meisten taten es nicht. Auch in der damaligen politischen Führung Polens wurden die Propaganda-Losungen von der «heiligen Pflicht der Heimkehr» nicht von allen wörtlich gemeint. So wurde ein geheimes Papier der polnischen, von sowjetischen «Beratern» geleiteten Sicherheitsdienst-Zentrale bekannt, das eine Selektion der Heimkehrkandidaten empfahl: «Ruhige Elemente müssen von den unruhigen, loyale von den unloyalen, disziplinierte von den undisziplinierten getrennt werden.» Es ging darum, daß die Unruhigen, Unloyalen und Undisziplinierten eine gefährliche Verstärkung für die zu jener Zeit noch einflußreiche antikommunistische Opposition im Lande werden könnten. Manche Kommunistenführer vermuteten sogar, dies sei gerade der Grund für die erstaunliche Kooperationsbereitschaft der Angloamerikaner in Sachen Repatriierung.

Nach der Überschreitung der polnischen Grenze sollte jeder Heimkehrer eine amerikanische Sonderprämie kriegen: ein 45 Kilogramm schweres Lebensmittelpaket. Hunderttausende von Polen lockte das nicht, obwohl ihre Lebensbedingungen – die Leute waren größtenteils in ehemaligen KZ-Baracken oder Kasernen untergebracht – schwierig waren. Eine amerikanische Delegation, die Ende August 1945 nach Liegnitz zu Repatriierungsverhandlungen kam, kündigte an, schon bald würden 600 000 Polen aus der US-Besatzungszone in die polnische Heimat zurückkehren. Während die Franzosen nur knapp 100 000 Polen in ihrer Zone ausweisen, konnte der britische General Robertson der polnischen Regierung eine halbe Million potentieller Heimkehrer anbieten.

Einfacher war das Problem in den sowjetischen Besatzungszonen Deutschlands und Österreichs: Von den über 750 000 dort lebenden Polen sind noch vor Ende August 1945 über 650 000 nach Hause geschickt worden. Von den insgesamt 1,2 Millionen Polen in den westlichen Besatzungszonen sind bis zum Abschluß der Repatriierungsaktion Ende Juni 1947 rund 840 000 zurückgekehrt. Und bis 1950 war etwa die Hälfte jener fünf Millionen Polen, die nach dem Kriegsausbruch ihr Land verlassen mußten, wieder daheim.

Selbst wenn alle Polen zurückgekehrt wären, hätten sie nicht ausgereicht, die über 100 000 Quadratkilometer, auf denen einst acht Millionen Deutsche und über eine Million

Autochthone gelebt hatten, zu besiedeln. Selbst dann nicht, wenn jene Polen aus der Sowjet-Union hinzu kämen, zu deren Freigabe Moskau bereit war. Den acht Millionen Deutschen standen in der Sowjet-Union bestenfalls 2,2 bis 2,5 Millionen Polen gegenüber – und auch diese Zahl war, wie es sich schon bald zeigen sollte, nicht sicher. Die polnisch-sowjetischen Verhandlungen über einen Bevölkerungs-Transfer hatten bereits 1944 begonnen, konnten aber erst am 6. Juli 1945 abgeschlossen werden: Die sowjetische Seite war bemüht, die Zahl der Umsiedler – das Wort «Repatrianten» durfte nicht verwendet werden – möglichst niedrig zu halten, denn sie brauchte Arbeiter in den vom Krieg ruinierten Kolchosen und Industriebetrieben.

Nach dem Wortlaut des Abkommens, das später mit jeder der drei in Frage kommenden Republiken – der ukrainischen, belorussischen und litauischen – nochmals unterschrieben werden sollte, wurde das Recht, für die polnische Staatszugehörigkeit zu optieren und nach Polen umzusiedeln nur denjenigen «sowjetischen Staatsbürgern polnischer und jüdischer Nationalität» sowie deren Familienangehörigen zugestanden, die im September 1939 im Besitz eines polnischen Passes waren oder – dies galt offensichtlich für sowjetische Armee- und NKWD-Offiziere – dafür eine Sondergenehmigung erhielten. Die jeweilige Auslegung des Begriffs «Nationalität» oblag, da er im Vertragstext nicht näher definiert war, der zuständigen Behörde.

Aber auch hier waren nicht alle für die Umsiedlung vorgesehenen Polen dazu bereit. Als die Bestimmungen des Transfer-Abkommens zwischen Polen und der UdSSR bekanntgegeben wurden, war der Krieg noch nicht zu Ende, war die polnische Exil-Regierung in London noch immer von den Westalliierten als die legitime polnische Regierung anerkannt, und viele Einwohner der ehemaligen polnischen Ostgebiete hegten immer noch die Hoffnung, ihre engere Heimat würde eines Tages wieder polnisch werden. Ein Antrag auf Umsiedlung bedeutete hingegen für die Polen in

Wilna, Wolhynien oder Podole eine Anerkennung der sowjetischen Annexion Ostpolens. «Jeder Pole», schrieb 1948 ein 55-jähriger Bauer aus der Gegend von Nowogrodek, «hatte eine schwierige Gewissensentscheidung zu treffen. Er liebte seine polnische Heimat, aber er liebte auch das Dorf, in dem seine Väter und Großväter gelebt haben und in dem er zur Welt kam.»

Besonders stark war die Tendenz zum Durchhalten in den Städten. In Lemberg etwa wurde im Herbst 1945 festgestellt, daß 35 Prozent der optionsberechtigten Polen entschlossen waren, die ihnen gebotene Möglichkeit nicht in Anspruch zu nehmen. «Lieber abwarten, bis Polen hierher zurückkommt», lautete die Losung. Als die ursprünglich im Abkommen vorgesehene Frist für die Abgabe von Umsiedlungsanträgen am 1. Dezember 1944 abgelaufen war, zeigte sich, daß von den 2,5 Millionen Polen in allen drei westlichen Sowjet-Republiken nur etwas über 117000 ihre Umsiedlung beantragt hatten.

Die Registrierungs- und Umsiedlungsfristen mußten prolongiert werden. Freilich mit Erfolg. Nachdem die Beschlüsse von Jalta bekannt wurden und vor allem nach der Anerkennung der neuen polnischen Regierung durch die Westmächte gab es für die Polen in der Westukraine, Westbeloruößland und Wilna keinen Grund mehr, ihre Hoffnung auf eine baldige Rückkehr Polens aufrechtzuhalten. Jetzt waren fast alle, die den Bestimmungen des Abkommens entsprachen, entschieden, nach Polen zu gehen. Bis Ende 1946 sind über 1200000 Polen von der sowjetischen Staatszugehörigkeit befreit und in ihren nach Westen verschobenen Staat umgesiedelt worden. In den Jahren darauf kamen weitere 300000 hinzu.

Die Transfer-Abkommen basierten auf Gegenseitigkeit; auch die in Polen lebenden Ukrainer, Belorussen und Litauer durften ihre polnische Staatsangehörigkeit aufgeben und in die Sowjet-Union auswandern. Erheblich – etwa eine halbe Million – war freilich nur die Zahl der Umsiedler in die ukrainische Sowjet-Republik. Hier nahmen es die

Polen mit dem im Abkommen verankerten Grundsatz der Freiwilligkeit nicht so genau. Der Jahrhunderte alte Konflikt zwischen Polen und Ukrainern, in der Kriegszeit von den Nazis zusätzlich geschürt, führte zu einer Welle gegenseitigen Hasses und Terrors.

Die Polen wollten ihre Ukrainer – auch hier nach dem Grundsatz kollektiver Verantwortung – unbedingt loswerden. Das Nachkriegspolen sollte ein nationaler Staat, seine Ostgrenze sollte, genauso wie die im Norden und Westen, zugleich eine ethnische Grenze sein. Viele Ukrainer waren aber nicht bereit, sich in die Sowjet-Union abschieben zu lassen. Manche hofften, in Zukunft mit den Polen friedlich zusammenleben zu können, andere waren in nationalistischen Partisanengruppen organisiert und wollten ihren Kampf für die Wilna Ukrajna, für ein freies Ukraina, fortsetzen. Nach einer rücksichtslosen und blutigen Befriedungsaktion von 1947 bis 1948, der berüchtigten «Aktion W», an der auch der heutige Parteichef General Jaruzelski teilnahm, wurden 150 000 Ukrainer zwangsweise aus den Gegenden von Sanok, Rzeszów, Lublin und Gorlic in die Woiwodschaften Stettin und Allenstein umgesiedelt.

Von Anfang an waren sich alle polnischen Parteien darüber einig, daß die «Neugewonnenen Gebiete» kolonisiert werden müßten. Bereits im polnischen Untergrund hatten sich Experten für eine langfristig und gründlich geplante staatlich organisierte Ansiedlung ausgesprochen. Die Neusiedler sollten sorgsam ausgesucht werden und mit den örtlichen Bodenverhältnissen vertraut sein.

Die Politiker hingegen setzten mehr auf spontane, wenn auch kaum kontrollierbare, Massenbewegung. «Wir stehen» – so ein Papier aus jener Zeit – «vor dem Problem einer spontanen Umsiedlung, und wir werden sie auch so in der ersten Phase durchführen, wenngleich sie wirtschaftlich die ungünstigste ist, aber in der Einsicht, daß diese Form von der Staatsräson gefordert wird.» Und so geschah es zumeist.

Als 1950 die erste Volkszählung der Nachkriegszeit durchgeführt wurde, zeigte sich, daß jeder vierte Einwohner

Polens in den letzten zehn Jahren – von Zwangswanderungen während des Kriegs abgesehen – den Wohnsitz gewechselt hatte und in eine andere Woiwodschaft gezogen war. In jenen Jahren waren die Polen wirklich ein «Volk auf Rädern».

Der eine Strom zog nach Warschau, das 1944 nach dem Aufstand total entvölkert war, während der andere zur Ostseeküste und in die Oder-Neiße-Gebiete ging. Von den rund fünf Millionen Polen (Ukrainer und Belorussen nicht mitgerechnet), die zwischen 1939 und 1945 Polen verlassen haben, kehrten nach Kriegsende nur 2,4 Millionen zurück. Von den etwa zwei Millionen Polen im Westen waren sechs Monate nach Kriegsende erst wenige Tausende zurückgekehrt. So waren es hauptsächlich Umsiedler aus anderen polnischen Woiwodschaften, die in Richtung Westen zogen.

Von den – so die ursprünglichen, ehrgeizigen Absichten – sieben Millionen Polen, mit denen die ehemaligen deutschen Ostgebiete in kürzester Zeit wieder bevölkert und bewirtschaftet werden sollten, mußten also vier Millionen im eigenen Land mobilisiert werden, insbesondere aus jenen Gegenden Polens, die unter Überbevölkerung, Strukturschwäche und extremer Armut der Bevölkerung litten oder aber zu nahe am Sowjetreich lagen.

Daß sich die polnische Führung der Schwierigkeit ihrer Aufgabe bewußt war, bezeugt ein im Mai 1945 vorgelegtes Memorandum des «Studienbüros für An- und Umsiedlung»: «Wir müssen uns darüber im klaren sein, daß eine Migration solcher Bevölkerungsmassen in so kurzer Zeit in der Geschichte ohne Beispiel ist. Sogar die Völkerwanderungen an der Wende von der Antike zum Mittelalter können hinsichtlich der Intensität und des Ausmaßes dieser Bewegung nicht mit dem Problem verglichen werden, vor dem der polnische Staat steht.»

Dennoch sollte sich schon bald zeigen, daß die Schwierigkeiten unterschätzt wurden. Nach sowjetischem Muster hatte die Regierung versucht, die Bevölkerungsmassen per Dekret in Bewegung zu setzen. Am 12. Juni 1945 verabschiedete der Ministerrat einen «Rapatriierungs- und Umsiedlungsplan», nach dem bis zum 1. August 1945, also innerhalb von zwei Monaten, 2,5 Millionen Menschen in den Oder-Neiße-Gebieten angesiedelt werden sollten, davon 1 850 000 Einwohner der «Altgebiete» innerhalb der Grenzen von 1939. Dem Plan lag ein schlichter Verteiler für zwölf Woiwodschaften bei: «Aus der Woiwodschaft Bialystok 210 000, davon 10 000 städtische Bevölkerung, aus der Woiwodschaft Kielce 300 000, davon 45 000 aus der Stadt.»

Aus dem Plan des Ministeriums ging hervor, daß zwei Monate lang jeden Tag 41 600 Menschen an die Oder und Neiße transportiert werden mußten. Dafür aber reichten weder die vorhandenen Transportkapazitäten noch die organisatorischen Möglichkeiten. Genauso übertrieben waren die Hoffnungen der Planer auf die Spontaneität der tatsächlich unter akutem Wohnungsmangel und bitterer Armut leidenden Einwohner der «Altgebiete».

«Im Westen gibt es Boden!» verkündeten riesengroße Plakate an den schäbigen Häuserfassaden, hinter denen oft gar keine Häuser mehr standen. «Auf jeden Polen, der arbeiten will, wartet in unseren Neugewonnenen Gebieten Arbeit, angemessener Lohn und ein Dach über dem Kopf!» stand auf anderen. Und die Funktionäre in den Werbungsbüros erläuterten, es gäbe dort Tausende von leeren Villen, vollständig möblierte Häuser und Wohnungen.

Anfangs stimmte das sogar. Janina Niebieszczańska, im April 1945 achtzehn Jahre alt und Absolventin eines sechsmonatigen Lehrerkursus, hatte sich zusammen mit einer Kollegin für Hirschberg entschlossen, «weil der polnische Name Jelenia Góra so hübsch klang». Letztendlich landeten die beiden Mädchen in Bad Reinerz. «Der Schulleiter gab uns den Rat, sich erstmal nach einer Wohnung umzuschauen. Da wir auf der Neusiedler-Liste die Nummern 34 und 35 hatten, war die Auswahl ungeheuer groß. Wir gingen einfach die Straße entlang und schauten uns eine Wohnung nach der anderen an. Schließlich haben wir uns für eine wunderschöne Villa entschieden, in der wir je eine vollmöblierte Zweizimmerwohnung bezogen. Tags darauf kam ein Mann aus der Stadtverwaltung, registrierte die Möbel und schon war alles erledigt.»

Eine andere Polin hatte Grünberg vorgezogen. «Die Stadt war im Unterschied zu den meisten anderen heil geblieben. Unbeschädigte Häuser, keine Trümmer, überall gepflegte Grünanlagen. Das ermunterte den Ankömmling, sich hier für immer niederzulassen. Ich begab mich auf Wohnungssuche. Die Stadt war fast leer. Nur ein paar Läden waren geöffnet, in denen Brot verkauft wurde. Wunderschöne Häuser mit kleinen Gärten, in denen die Johannisbeeren rot leuchteten, Kartoffeln und allerlei Gemüsearten wuchsen. Die meisten Häuser standen leer. Die deutsche Bevölkerung war zum größten Teil vor der anrückenden Front geflüchtet. Nach einigen Stunden hatte ich das passende Haus gefunden. Es war ein weißes Einfamilienhaus, die Wände mit wildem Kletterwein bewachsen, der Garten voller Blumen. Am nächsten Tag bekam ich einen Aufklebezettel für die Fenster. Er besagte, das Haus sei mir zugeteilt worden. Also hatte ich schon ein Haus, Möbel und Küchengerät ebenfalls.»

Unter den «Pionieren», wie die Ansiedler von der Regierung schmeichelhaft genannt wurden, war auch der frisch aus der polnischen Armee ausgeschiedene Ryszard Kosiński, heute Journalist bei dem Warschauer Parteiorgen *Trybuna Ludu*. Er begab sich mit zwei Freunden nach Schreiberhau. Die Freunde bekamen in den naheliegenden Dörfern je einen Bauernhof, und dem künftigen Redakteur fielen eine «ziemlich große Fremdenpension und ein voll eingerichteter Friseursalon samt deutschen Friseusen» zu. Ein Jahr später zog er, da er studieren wollte, nach Warschau, in eine Kellerwohnung, zurück.

Andere zogen es vor, ihre Heimatorte, wie kümmerlich die Lebensbedingungen dort auch waren, gar nicht zu verlassen. In den Dörfern, um die es vor allem ging – im Vorkriegspolen lebte 70 Prozent der Gesamtbevölkerung auf dem Lande – waren die Menschen dem eigenen, wenn auch noch so karg bemessenen Grund und Boden verbunden. Viele fürchteten sich vor dem Unbekannten. Andere wiederum glaubten nicht an die Stabilität der neuen Grenzen, von denen es hieß, die Amerikaner seien mit ihnen neuerdings nicht mehr zufrieden. Und wieder andere waren bereits aus Breslau oder Allenstein zurückgekommen, weil sie wohl geräumige Wohnungen mit schönen Möbeln vorfanden aber nichts zu essen.

Anderen ging es noch schlechter. Pfarrer Ludwik Debski aus dem Dorf Sobin bei Lüben erinnert sich: «Das Dorf war von den Deutschen verlassen und durch die Kriegshandlungen fast völlig zerstört. Überall Häuserruinen, Reste von Ställen, ein zerstörtes Stromnetz. Das Dorf war vor Weihnachten 1945 von Repatrianten aus Buczacz, dem Erzbischofstum Lemberg, übernommen worden. Es fehlte an Wohnungen, an Wirtschaftsgebäuden. Die Fenster hatten keine Glasscheiben, in den Räumen herrschte Dunkelheit. Im ganzen Dorf gab es ein paar Kerosinlampen, aber ohne Dochte und Gläser. Vor allem aber mangelte es an Lebensmitteln. Es war, Gott sei Dank, ein schneearmer Winter, so daß die Leute sich mit Kartoffeln versorgen konnten, die von den Deutschen nicht ausgegraben worden waren. Sie konnten auch das auf den Feldern stehengebliebene Getreide ernten, das sie dann mit selbstgebastelten Hausmühlen gemahlen haben. Die Fenster haben sie mit Brettern zugeschlagen und mit Stroh dichtgemacht. Auf Stroh schliefen sie auch. Es war eine schwere Zeit.»

Statt der dekretierten 1 850 000 hatten sich bis zum 1. August nur etwas über 650 000 Einwohner der «Altgebiete» auf den Weg gen Westen gemacht und etwa die Hälfte von ihnen kam nach nicht allzu langer Zeit zurück. Etwa 60 Prozent aller Ankömmlinge, stellte der neue polnische Bürgermeister Breslaus im Sommer 1945 fest, seien Spekulanten. Sie interessierte nur das von den Deutschen zurückgelassene Vermögen, nicht aber eine Ansiedlung.

Zu jener Zeit bürgerte sich unter den Polen ein neues Wort ein: szaber, vom deutschen Wort Schaber. Tausende von Arbeitslosen, kriminellen Abenteurern oder frischgebackenen Berufshändlern pendelten zwischen ihren durch Krieg verwüsteten Wohnorten und den ehemaligen ostdeutschen Städten hin und her, um dunkle Geschäfte zu machen, zu schabern. Geschabert wurde auf die verschiedenste Art und Weise, von direktem Raub bis zur Tauschaktion. Als Zahlungsmittel, etwa für Kleidungsstücke oder Hausrat, galten hauptsächlich Butter, Speck und Wurst. Viele «szabrowniki» aus Altpolen fuhren direkt zu ihrem örtlichen Großhändler, oft ein Rotarmist, Kompaniechef oder Quartiermeister eines Regiments um günstig einen Traktor, einen Posten Nähmaschinen oder auch ein paar Pferde zu kaufen. Gezahlt wurde zumeist mit Wodka.

So kam es, daß die erste Ernte nach dem Krieg in vielen Regionen nur mit Hilfe der Roten Armee eingebracht werden konnte, wobei die Sowjets, wie US-Diplomaten an ihr Außenministerium meldeten, «für sich behielten, was sie brauchten». Wie sie überhaupt die neuen polnischen Gebiete behandelten wie ihre eigene westlich der Oder-Neiße-Linie und landwirtschaftliche Produkte wie auch Industrieanlagen in die sowjetische Heimat verschickten.

Den Hauptstrom der Neusiedler aber bildeten Kleinbauern, die mit Frau und Kindern, mit Sense und Sichel und einer abgemagerten Kuh hinter der Fuhre in das gepriesene Land zogen. Oder es waren demobilisierte Soldaten, die sich nach jahrelangen Wanderungen durch sibirische Lager und nach den Frontkämpfen entschieden hatten, in der Gegend von Kahlberg als Fischer ihren Unterhalt zu verdienen. Junge Absolventen von Schnellkursen kamen, um als Dorflehrer den Autochthonenkindern die polnische Sprache beizubringen.

Zu ihnen gehörte die Volksschullehrerin Maria Balińska aus der Gegend von Lemberg. Mitte April wurde ihr ganzes Dorf, etwa 1 000 Familien, in die Gegend von Oppeln umgesiedelt. Maria sollte dort eine Dorfschule eröffnen. «Die Kinder fragten, warum ich nicht in Polen geblieben, sondern nach Schlesien gekommen sei.» Schlesien, antwortete die Lehrerin, sei Polen, denn anderenfalls hätte sie doch den hiesigen Dialekt nicht verstehen können.

Die ersten polnischen Siedler waren lange vor dem Kriegsende hierher gekommen, nicht freiwillig allerdings, sondern als Zwangsarbeiter. Wieslaw Lichota, 68, zitiert die Worte des Gendarmen, der ihn zum Gutshof gebracht hatte: «Du dein Scheißpolen am besten vergessen. Wenn du nicht fleißig arbeiten und nicht brav sein, du nur ganz kurz leben.» Der Gendarm klopfte mit der Handfläche auf den Kolben seines Karabiners, lachte laut auf und fuhr weg.

In seinem Breslauer Altersheim verwahrt Lichota ein Flugblatt, das ihm damals mitgegeben wurde. Darauf steht, was ein Pole zu beachten hatte: Mit der deutschen Bevölkerung zu verkehren – verboten; Kinos, Theater oder Gaststätten zu besuchen – verboten; Eintritt in eine deutsche Kirche – verboten; das Abzeichen «P» stets zu tragen – absolute Pflicht; für Geschlechtsverkehr mit einer deutschen Frau sowie für einen Annäherungsversuch – Todesstrafe. «Mit der Zeit begann ich sogar den Hofhund zu hassen», sagt Lichota, «zu ihm pflegte der Verwalter freundlich zu sein, mir gab er nur Befehle.»

Als der Krieg und mit ihm die Naziherrschaft zu Ende waren, gab es in Schlesien, Pommern und Ostpreußen um die 400 000 Lichotas. Einem Teil von ihnen ist der Haß wirkungsvoll beigebracht worden. In unmittelbarer Nachbarschaft ihrer Arbeitsplätze standen die Konzentrationslager Groß-Rosen, Görlitz, Stettin, Swinemünde, Stutthof. Wieslaw Lichota: «Dann hieß es, keiner von denen habe irgend etwas davon gewußt. Auch nicht mein Verwalter, obwohl der gut Freund mit allen Nazigrößen aus der Umgebung war. Als er dann von mir eine Bescheinigung wollte, ich sei von ihm anständig behandelt worden, habe ich ihn nur ausgelacht. Nein, ich empfand kein Mitleid, als ich ihn zusammen mit den Gendarmen, beide mit blutigen Nasen, in der Aussiedlerkolonne marschieren sah.»

Mit den ersten polnischen Umsiedlern kamen auch ihre Geistlichen, manchmal die eigenen, aus dem selben Dorf, andere von den bischöflichen Kurien delegiert. Ihnen fiel in den ehemaligen deutschen Gebieten eine ungeheuer wichtige Rolle zu. Der Pfarrer war es, der dem gläubigen Christen die Gewißheit verlieh, daß er nichts Unrechtes tue, wenn er in ein deutsches Haus einziehe, dessen rechtmäßige Bewohner zur Flucht gezwungen waren oder mit Gewalt vertrieben wurden. Dafür sollte er aber, da es wiederum auch nicht so ganz rechtens war, um Vergebung bitten und selbst vergeben.

Die Kirche war Jahre hindurch der einzige Ort, in dem der Umsiedler aus einem Dorf, weder des Lesens und Schreibens mächtig noch im Besitz eines Sonntagsanzugs, und der fein ausgeputzte «Deutsche», der Bodenständige also, friedlich im gemeinsamen Gebet zusammenkamen. Sie war es auch, die maßgebend dazu beigetragen hat, daß Umsiedler aus den verschiedensten Ecken Polens mit ihren kulturellen Eigenheiten, ihren Dialekten, Traditionen, Sitten und Bräuchen mir den Rückkehrern aus aller Herren Länder zueinander fanden. Ohne den katholischen Klerus wäre die Polonisierung der ehemaligen deutschen Ostgebiete und die Integrierung ihrer neuen Bevölkerung kaum denkbar gewesen.

Doch in der Sprachregelung der Kirche, wie auch der des Staates, war das nicht Polonisierung, sondern Repolonisierung. Die fragwürdige, auf zeitgeschichtlicher Argumentation basierende Rückkehrthese, noch in der Vorkriegszeit von dem rechtsradikalen politischen Lager entwickelt, wird seit dem Kriegsende genauso von der Kirche wie von den regierenden Kommunisten strapaziert. In seiner Breslauer Rede zum 40. Jahrestag der Befreiung Polens wurde sie von dem Partei- und Regierungschef General Jaruzelski so formuliert:

«Wir sind hier nicht auf fremdem Boden. Daß diese Gebiete polnisch waren, bezeugten die Piasten-Adler auf den Rathäusern, die polnischen Namen auf den Grabmälern der Friedhöfe, die Namen von Dörfern und die Dokumente in den Archiven. Fast eine halbe Million Bodenständiger ist ihrer Muttersprache, ihrer Kultur und Sitten treu geblieben. Preußische Verbannungsurteile, die Bemühungen des Deutschen Ostmarkenvereins, das Polentum zu schwächen und der brutale Nazi-Terror haben einen Teil der rechtmäßigen, uralten Besitzer dieser Gebiete germanisiert. Doch die Wurzeln des uralten Baumes sind erhalten geblieben.»

Nicht anders argumentierte auch die Kirche. «Die polnische Geschichte», argumentierte am 6. Februar 1966 der damalige Breslauer Erzbischof und spätere Kardinal Boleslaw Kominek, «beginnt auf piastischem Boden.» Vier Jahre später verkündete der Landsberger Bischof Wilhelm Pluta: «Ein Rückzug wäre undenkbar. Es muß schon bald der Augenblick kommen, ich glaube, er ist schon gekommen, da wir nicht mehr von wiedergewonnenen Gebieten zu sprechen brauchen. Wir sind hier im kirchlichen wie im nationalen Sinne ein integraler Teil unseres Landes.» Und noch fünfzehn Jahre später, am 3. April 1985, rief Plutas Amtsbruder, Bischof Kazimierz Majdanski, in Stettin aus: «Nach vier Jahrhunderten ist die Kirche hier, nach Westpommern, zurückgekehrt, endgültig!»

Als am 28. Juni 1972 Papst Paul II. seine Bulle «Episcoporum Poloniae coetus» erlassen und damit der polnischen Kirchenverwaltung in den ehemaligen deutschen Ostgebieten den offiziellen vatikanischen Segen erteilt hatte, war das eigentlich nur eine Bestätigung des Status quo, den die polnische Kirchenhierarchie in langjähriger mühsamer Arbeit aufgebaut hat. Das unbeugsame Festhalten an der Oder-Neiße-Grenze ist eine der wenigen grundsätzlichen Fragen, in denen die moskautreuen Kommunisten, das sie hassende polnische Volk, seine von ihm verehrte Kirche sowie die Vatikanische Kurie eine gemeinsame Sprache sprechen.

Schuldgefühle gegenüber den vertriebenen Deutschen und deren Nachkommen haben die Polen nicht. General Jaruzelski war sich mit seinen Untertanen einig, als er am 8. Mai 1985 während der Breslauer Feierlichkeiten zum 40. Jahrestag des Sieges über den Hitler-Faschismus sagte: «Wir verstehen heute und wir verstanden es auch damals, daß die Notwendigkeit, das Vaterhaus zu verlassen, für viele Deutsche ein schweres Erlebnis war. Aber kein Mensch hat das Recht, jenes Leiden mit der Hölle unseres Volkes zu vergleichen. Nicht die Polen haben diesen Krieg entfesselt. Es waren aber die polnischen Straßen, auf denen öffentliche Hinrichtungen stattfanden. Die Polen waren es, die aus dem ‹Warthegau›, aus Pommern und Lodz mit einem Bündel in der Hand vertrieben wurden. Wir waren es, die vor der akuten Gefahr einer biologischen Vernichtung standen.»

Die Grausamkeiten, die unmittelbar vor und während der Zwangsaussiedlung der Deutschen stattfanden, waren von der damaligen Führung Polens kaum gewollt. Im Interesse des erst entstandenen Staates, der sich trotz sowjetischen Schutzes um seinen Ruf bei den Westalliierten und in der Weltöffentlichkeit besonders kümmern mußte, war die Aussiedlungsaktion möglichst human durchzuführen. In einem am 15. Januar 1946 datierten Schreiben an die Kreisbevollmächtigten der Regierung betonte der damalige Minister für die Wiedergewonnenen Gebiete und spätere Parteichef Wladyslaw Gomulka, die «Behandlung der repatriierten Bevölkerung» müsse «während der Aktion korrekt sein» und «jegliche Willkür seitens der Vollzugsorgane» sei «im Schnellverfahren und streng zu bestrafen».

Es war aber unter den damaligen Verhältnissen in Polen schwer, solche Anordnungen durchzusetzen. Nur Monate waren seit Kriegsende vergangen, die Erinnerungen an die von Deutschen begangenen Verbrechen in Polen in der Bevölkerung noch zu frisch. Die Überzeugung, daß allgemeine Rechts- und Moralnormen nicht in Bezug auf die Vertreter der «Herrenrasse» gelten, waren unter jenen, die noch gestern als «slawische Untermenschen» behandelt worden waren, keineswegs selten.

Sie hatten auch nicht das Gefühl, «den Deutschen» besonders rachedurstig und brutal behandelt zu haben. Sie lasen die in den polnischen Zeitungen eifrig abgedruckten Zitate aus Churchill-Reden («...der Krieg hätte sogar etwas länger dauern können, damit mehr Deutsche getötet werden») oder auch die Ergebnisse amerikanischer Umfragen, nach denen 73 Prozent der US-Bürger eine Reduzierung Deutschlands zum Rang eines kleinen und armen, drittklassigen Staates gefordert hatten. Und dabei – so lautete der allgemeine Tenor – konnten sich die Briten und Amerikaner von dem Ausmaß der von Deutschen begangenen Kriegsverbrechen nicht als Opfer, sondern erst als Sieger ein Bild machen.

Was die polnischen Umsiedler an der Ostsee, Oder und Neiße erwartet hat, waren weniger die gemütlich eingerichteten Wohnungen, blühende Blumengärten und die gut bestellten Bauernhöfe der Deutschen, als vielmehr harte Aufbauarbeit. 73 Prozent der ehemaligen ostdeutschen Industriekapazitäten, 54 Prozent der Wohnhäuser in den Städten und 28 Prozent derer auf dem Lande waren zerstört, 70 Prozent des Agrarbodens lagen brach. Drei Viertel der Industrieobjekte und zwei Drittel der Eisenbahngleise waren nicht zu gebrauchen.

Eine nach Glogau geschickte Gruppe des Repatriierungsamtes PUR stellte fest: «Glogau ist zu 100 Prozent zerstört.» Und der neuernannte Starost von Cosel, das vor dem Krieg rund 8 000 Einwohner zählte, meldete an den zuständigen Regierungsbeauftragten: «Im Städtchen leben 300 Leute, überwiegend Greise und Frauen. Die Dörfer sind entvölkert.» Dennoch waren es reiche und ökonomisch wichtige Gebiete. Ihre Wasserwege, ihre Energiequellen, Kohle- und Kupferreserven bedeuteten für das der östlichen Hälfte seines Territoriums beraubte Polen die Rettung. Kardinal Kominek: «Ohne die Westgebiete würde Polen nicht existieren können.»

7

Siegfried Kogelfranz

«Der Ort der Verbannung ist das Nichts»

Vertreibung im 20. Jahrhundert

Die Order war so brutal klar formuliert, daß es daran nichts, aber auch gar nichts zu deuten gab – so unglaublich sie auch klingen mochte.

«Es ist bereits mitgeteilt worden», telegraphierte der Innenminister aus Konstantinopel dem Präfekten von Aleppo, «daß die Regierung beschlossen hat, alle Armenier, die in der Türkei wohnen, gänzlich auszurotten. Diejenigen, die sich diesem Befehl und diesem Beschluß widersetzen, sollen aus ihren Ämtern entfernt werden und verlieren ihre Staatsangehörigkeit. Ohne Rücksicht auf Frauen, Kinder und Kranke, so tragisch die Mittel der Ausrottung auch sein mögen, ist, ohne auf die Gefühle des Gewissens zu hören, ihrem Dasein ein Ende zu machen.»

Die Depesche datiert vom 15. September 1915. Ihr Original wurde am 2. Juni 1921 jenem Berliner Geschworenengericht vorgelegt, das gegen den Attentäter Soromon Tehlerjan verhandelte. Der 24jährige armenische Student hatte am 15. März 1921 in Charlottenburg den früheren türkischen Großwesir Talaat Pascha erschossen. Dieser Talaat war 1915 in der Türkei Innenminister gewesen. Er hatte die zitierte Ausrottungs-Anweisung unterschrieben, er hatte überhaupt jenen als «Verbannung» oder «Umsiedlung» von «Unruhestiftern» getarnten Völkermord organisiert, der zwischen 1915 und 1918 anderthalb der 2,1 Millionen Armenier das Leben kostete, die damals unter türkischer Herrschaft lebten. Es war ein Holocaust im Ersten Weltkrieg, der Hitler zu dem seinen gegen Juden und andere «Untermenschen» ermunterte (Hitler im August 1939: «Wer spricht heute noch von der Vernichtung der Armenier?») und der nicht nur bis heute ungesühnt blieb.

Er wird vielmehr von der Türkei bis heute bestritten, obgleich schon 1921 in jenem «Prozeß Talaat Pascha» in Berlin so viele unwiderlegliche Beweise für den Genocid vorlagen, daß die Geschworenen den Attentäter freisprachen: Tehlerjan hatte schwerverletzt zwei Tage lang bewußtlos unter der Leiche seines erschlagenen Bruders gelegen, unweit jener seiner erschossenen Eltern und seiner vergewaltigten und erschlagenen Schwestern, damals fünfzehn und sechzehn Jahre alt. Die Geschworenen billigten ihm Paragraph 51 zu, weil er aufgrund seiner Erlebnisse bei der Tat in einem Zustand gehandelt habe, der eine freie Willensbestimmung ausschloß.

Der Student hatte in Berlin jenen Mann erschossen, dem das Armeniermorden nie schnell genug ging. In seiner Depesche Nr. 691 an die Präfektur von Aleppo befahl Talaat am 23. November 1915: «Rotten Sie mit geheimen Mitteln jeden Armenier der östlichen Provinzen aus, den Sie in Ihrem Gebiete finden sollten.»

Am 1. Dezember kabelte der Minister gleichfalls nach Aleppo: «Obgleich ein ganz besonderer Eifer für die Ausrottung bewiesen werden sollte, erfahren wir, daß jene an verdächtige Orte, wie Syrien und Jerusalem, geschickt werden. Dergleichen Duldsamkeit ist ein unverzeihlicher Fehler. Der Ort der Verbannung derartiger Unruhestifter ist das Nichts. Ich empfehle Ihnen, danach zu handeln.» – Minister des Inneren, Talaat.

Der Beschluß zur totalen Ausrottung der Armenier in der Türkei war in einer Sitzung des Zentralen Exekutivkomitees der jungtürkischen Bewegung Anfang Februar 1915 unter Leitung Talaat Paschas gefallen. Er war nur der Schlußpunkt einer grausamen Verfolgung. Denn Pogrome gegen die christlichen Armenier waren im Reich des Sultans nichts Neues. Im letzten Jahrzehnt des 19. Jahrhunderts waren ihnen mindestens 300 000 Armenier im Osten des

160

Reiches zum Opfer gefallen. Doch dann hatten die Armenier internationale Fürsprecher gefunden, die ein unkontrolliertes Weitermorden verhinderten.

Nun aber war Krieg. «Eine bessere Gelegenheit wird nicht mehr kommen», wie ein Teilnehmer der Tagung, Dr. Nazim, feststellte. Beim feindlichen Nachbarn Rußland hatten sich Armenier freiwillig zum Kampf gegen die Türkei gemeldet; im grenznahen Raum war es zu Aufständen von Armeniern gekommen.

«Die Armenier sind wie ein Krebsgeschwür, das uns umbringen wird, wenn wir es nicht entfernen», sagte Dr. Nazim. «Das armenische Element muß mit der Wurzel ausgerottet werden. Wir dürfen nicht einen einzigen Armenier in unserem Land am Leben lassen. Wir müssen den armenischen Namen ein für allemal auslöschen.» Talaat unterstützte Dr. Nazim: «Wir müssen den Armeniern den endgültigen entscheidenden Schlag versetzen.» Und: «Kein Armenier darf in der Lage sein, Zeugnis von dem zu geben, was geschehen ist.» Der Beschluß, die Armenier auszurotten wurde einstimmig gefaßt.

Zwei Monate später handelte Talaat entsprechend den Beschlüssen. Am 24. April verhafteten Häscher des Innenministers die geistige Elite der Armenier in Konstantinopel und brachten sie in eine «Verbannung», von der kein einziger je zurückkehrte. Die jungen Armenier, die zur Armee eingezogen worden waren, mußten ihre Waffen abgeben und wurden in sogenannte «Arbeitsbataillone» gesteckt, in denen sie zu Tode geschunden oder gruppenweise erschossen wurden.

Die vornehmlich in den Ostprovinzen Anatoliens und am Kaukasus siedelnden Armenier wurden dorf-, städte- oder kreisweise zu Verbannten-Transporten zusammengefaßt, angeblich, um sie aus frontnahen Gebieten wegzubringen, wo sie ein Sicherheitsrisiko für das Land darstellten.

Eine Sonderorganisation des Innenministeriums leitete die Deportationen. Gendarmen und örtliche Einsatztrupps, seltener die Armee, führten die Verhaftungen durch und stellten die Vertriebenen-Kolonnen zusammen, die zu Fuß ihre Heimat verlassen mußten. Es gab keine Nahrung, wer liegenblieb starb oder wurde totgeschlagen. Zuweilen wurden ganze Vertriebenen-Kolonnen in der nächsten Schlucht erschossen, in den nächsten Fluß geworfen, nachdem sie sich nackt ausziehen mußten.

Banden von Türken und Kurden durften rauben, morden, vergewaltigen, niemand wurde bestraft, wenn Armenier die Opfer waren.

Den oberen Euphrat trieben im Sommer 1915 vier Wochen lang Tag für Tag Tausende von Leichen hinunter. Sammelort der Vertriebenen vor ihrer endgültigen «Verbannung» in die wasserlose mesopotamische Wüste war Aleppo in Syrien, wo indessen von 850 000 Armeniern, die binnen eines halben Jahres aus den östlichen Provinzen vertrieben worden waren, nur 50 000 lebend ankamen.

Sie wurden in Lagern um die Stadt gesammelt, aus denen Türken vor allem junge Mädchen als Sklavinnen kaufen konnten. Als die Armee gefangene Armenier zu Arbeiten beim Straßen- und Bahnbau einsetzen wollte, ließ Talaat die Militärkommandanten vom Oberbefehlshaber Enver Pascha auffordern «sich nicht in die Deportationsmaßnahmen einzumischen».

Anfangs wurden noch Kinder unter 15 Jahren geschont. Dieses Alter wurde auf sieben, dann auf fünf Jahre gesenkt. Man nahm an, daß die Kleinsten sich später nicht mehr an die Geschehnisse erinnern würden und wollte sie nach dem Beispiel der Janitscharen in speziellen Waisenhäusern zu Türken erziehen. In Bitlis ließ Präfekt Mustafa Abdulhalik tausend Armenierkinder, die über fünf Jahre alt waren, verbrennen.

Wer von den Armeniern «Kugeln und Messern entkommen war, Foltern, Hitze, Kälte, Hunger und Durst überlebt hatte», (Yves Ternon in «Tabu Armenien») wurde von Aleppo aus weiter in die Wüste getrieben, dort von einem Lager zum anderen geschoben, oft auch einfach irgendwo liegen gelassen «bis von tausenden nur noch hunderte und

162

von hunderten nur noch ein kleiner Haufen übrig blieb, den man weiterjagte, bis es ihn nicht mehr gab. Damit war das Ziel der Reise erreicht.» (Ternon).

Innenminister Talaat kümmerte sich sogar noch um die armenischen Leichen. «Wir erfahren», telegraphierte er im Dezember 1915 an die Präfektur von Aleppo «daß fremde Offziere die Leichen der bekannten Personen, die sie längs der Wege antreffen, photographieren. Ich empfehle Ihnen dringend, diese Leichen sofort zu beerdigen und sie nicht mehr auf den Wegen liegen zu lassen.»

Dem Völkermord an den Armeniern, der ersten organisierten Vertreibung und Ausrottung eines Volkes in diesem Jahrhundert folgten noch viele ähnliche Verbrechen, obwohl jene Juristen, die 1907 die «Haager Landkriegsordnung» formulierten, Vertreibung und Deportation nicht zu den ächtenswerten Delikten zählten, weil, wie es in einem Kommentar heißt, «zu Anfang unseres Jahrhunderts angenommen werden konnte, daß diese Praxis außer Gebrauch gekommen sei».

Welche Naivität, wurde doch gerade dieses Jahrhundert zur Ära von gezielten Massenvertreibungen und Deportationen ganzer Völkerschaften. Etwa 80 Millionen Menschen erlitten weltweit dieses Schicksal, zum Teil von Regierungen und internationalen Abmachungen offiziell sanktioniert, wie im Fall der Vertreibung der Deutschen aus dem Osten.

Auch dabei waren die Türken Wegbereiter. Denn die erste vertraglich sanktionierte Massenumsiedlung war der im Vertrag von Lausanne Anfang 1923 vereinbarte «Bevölkerungsaustausch» zwischen der Türkei und Griechenland: 1,5 Millionen Griechen wurden aus der West-Türkei vertrieben, wo ihre Vorfahren seit Jahrtausenden siedelten, 400 000 Türken aus Nordgriechenland.

Vorangegangen waren dieser Umsiedlung wiederum grausame Massaker. Die Griechen, von der «Megali Idea», der großen Idee eines hellenischen Reiches von Anatolien bis zur Adria besessen und von den Großmächten ermuntert, waren nach dem Ende des Ersten Weltkrieges über die geschlagene Türkei hergefallen. Ihr König Konstantin meinte, es sei «höchste Zeit, daß die Türken ein für allemal im Inneren Asiens verschwinden, wo sie hergekommen sind».

Doch die Türken unter Kemal Atatürk und Ismet Inönü trieben das Hellenen-Heer in die Flucht und nahmen grausame Rache an der griechischen Zivilbevölkerung. Allein in Smyrna metzelten sie über 100 000 Griechen nieder, dem Befehl ihres Generals Noureddin gehorchend, der «jeden Soldaten» verpflichtete, «für die Größe unseres Vaterlandes vier bis fünf Griechen zu töten».

Den Erzbischof Chrysostomos lieferte der General dem Mob mit den Worten aus: «Gebt ihm, was er verdient.» Eine fanatische Menge schleifte den Gottesmann zu einem Barbierladen, wo sie ihn rasierten, ihm die Augen ausstachen, Ohren, Nase und Hände abschnitten und ihn schließlich totschlugen. Tausende flüchtende Griechen und Armenier sprangen in den Hafen der Stadt, um Rettung auf ausländischen Schiffen zu finden, die meisten ertranken. Einem später Prominenten gelang die Flucht: Artistoteles Onassis.

Für die insgesamt zwei Millionen Griechen, die in jenen Jahren ihre Heimat an der Ostküste der Ägäis verlassen mußten, gab es im elenden Mutterland, das nur zweimal soviele Einwohner zählte, keinen Lastenausgleich, auch kein Wirtschaftswunder. Etwa eine Million Griechen waren in der Türkei umgekommen. Der Haß aus jenen Jahren schwelt bei den feindlichen Nachbarn bis heute und entlädt sich immer wieder, wie zuletzt auf Zypern in gegenseitigen Massakern.

Die Armenier, deren Überreste Zuflucht beim russischen Nachbarn fanden (etwa eine Viertelmillion entkam durch die Flucht nach Rußland der Ausrottung) und dort eine eigene Teilrepublik bekamen, gedenken ihres fast ausgerotteten Volkes mit einem großen Mahnmal in Erewan und durch regelmäßige Attentate auf türkische Diplomaten.

Hitler übertraf die Türken bei weitem mit der Deportation und Vernichtung der europäischen Juden, mit der Rekrutierung von Zwangsarbeitern in ganz Europa. Er wollte, hätte er dazu noch Gelegeheit gehabt, ganz Osteuropa von Slawen säubern und dort germanische Herrenmenschen ansiedeln. Die Rechnung bezahlten dann die Deutschen im Osten mit der größten Massenflucht und Vertreibung der Geschichte: 14 Millionen durch Flucht und Verteibung heimatlos gewordene, zwei Millionen dabei Umgekommene.

Doch selbst solche Größenordnungen sind nicht einzigartig. Während in Deutschland Flucht und Vertreibung noch andauerten, erlitten viele Millionen Menschen auf dem indischen Subkontinent das gleiche Schicksal. Die Gründung von Indien und Pakistan, der verfeindeten Nachfolgestaaten der größten Briten-Kolonie, kostete 1947 elf Millionen Hindus und Moslems die Heimat. Eine halbe, vielleicht aber auch eine Million Menschen kamen dabei um.

Nochmal flüchteten auf dem Subkontinent zehn Millionen Menschen: Hindus aus Ostpakistan, als dort 1971 die pakistanische Armee wütete. Doch die meisten konnten zurückkehren, als aus Ostpakistan Bangladesch wurde.

Ebenfalls 1948 bezahlten eine Million Palästinenser die Staatswerdung Israels mit ihrer Vertreibung aus der angestammten Heimat, ein Unrecht, das stets neue Kriege nach sich zieht, den Weltfrieden dauernd gefährdet.

Vertreibung und Deportation sind in unserer Zeit längst zu einem Mittel der Politik geworden, und nicht nur bei Diktatoren.

Stalin deportierte während des Krieges fast eine Million Wolga- und Volksdeutsche nach Sibirien und Sowjet-Asien, als potentielle Verräter. Ein halbes Dutzend unbotmäßiger oder seiner Ansicht nach unzuverlässiger Kaukasusvölker erlitt, ebenso wie die Krimtataren, im und nach dem Krieg das gleiche Schicksal: Tschetschenen und Inguschen, Karatschaier, Balkaren, Kalmücken und Meschketen, zusammen fast zwei Millionen Menschen, von denen etwa eine halbe Million starb. Auch eine Million Balten und nochmal eine Million Ukrainer mußten die Heimat in mehreren Deportationswellen mit dem über das ganze Sowjetreich verstreuten Archipel Gulag vertauschen.

Zuweilen flüchteten Kommunisten zu Kommunisten: chinesische Uighuren ins Sowjetreich, Vietnamesen nach China, Kambodschaner nach Vietnam. Meist aber ist die Fluchtbewegung eine Einbahnstraße aus kommunistisch regierten Regionen: 200 000 Ungarn, eine halbe Million Kubaner, über eine Million Vietnamesen, Hunderttausende Kambodschaner und Laoten, 300 000 russische Juden, knapp 100 000 Tibeter, zwei Millionen Chinesen, die sich mit ihrem geschlagenen Führer Tschiang Kai-schek nach Taiwan retteten, vier Millionen Deutsche, aber auch, noch andauernd, dreieinhalb Millionen Afghanen gaben lieber die angestammte Heimat auf, als unter dem Sozialismus in seinen verschiedenen Erscheinungsformen zu leben. Zuweilen mündeten Vertreibungen im Sozialismus in Massenmord wie bei den kambodschanischen Steinzeitkommunisten Pol Pots.

Kolonialisten vertrieben oder deportierten, solange sie noch dran waren, aufsässige Kolonisierte, retteten dann aber oft, wenn ihnen die Stunde schlug, nur das nackte Leben: Anderthalb Millionen Franzosen, die «pieds noirs» aus Nordafrika, eine Dreiviertelmillion Portugiesen aus den lusitanischen Überseeterritorien, in denen sie ein halbes Jahrtausend geherrscht hatten, bevor die koloniale Idylle 1974 jäh zu Ende ging. Oftmals folgten den verjagten Kolonialisten Hilfsvölker auf dem Fuß, wie die Molukker aus Indonesien den Holländern, die nun mit den einstigen Hiwis so gar nichts anzufangen wissen.

Etwa fünf Millionen Flüchtlinge, mal eine Million mehr, selten eine weniger, zählen die einschlägigen Organisationen ständig in Schwarzafrika. Im Süden des Schwarzen Kontinents verschickt der Weiße Mann wie in den guten alten Zeiten Millionen Schwarze in karge «Homelands», lebensunfähige Steppengettos, seit 1960 vier Millionen Menschen.; 20 Millionen Farbige sollen, wenn alle Pläne wahr würden, letztendlich in «Bantustans» abgeschoben werden, doch langsam wird auch dem letzten Buren klar, daß sie sich da wohl übernommen haben.

Farbige vertrieben Farbige, wie Ugandas Idi Amin die Inder aus seinem Land. Schwarze deportieren aber auch ihre eigenen Bürger, wie Äthiopiens sozialistische Militärs eben ihre hungernden Untertanen: anderthalb Millionen Äthiopier sollen, meist aus politischen Gründen, ihre Heimatprovinzen verlassen und in anderen, angeblich fruchtbareren angesiedelt werden. Die Reibungsverluste der Zwangsumsiedlung gehen bereits in die Hunderttausende.

Hungernde flüchten zu Hungernden: Äthiopier zu den Sudanesen, Arme zu noch Ärmeren: Burmesische Moslems nach Bangladesch, dem proppenvollen Armenhaus in Asien.

Ungezählte, die aus ihrer Heimat vertrieben wurden oder vor Krieg, Not und Verfolgung flüchteten, aber finden nirgendwo mehr eine neue, die sie aufnimmt. In asiatischen Flüchtlingslagern vegetieren seit fünf und mehr Jahren Hunderttausende Vietnamesen, die keiner will, mühsam alimentiert von der Uno und anderen Hilfsorganisationen.

Flüchtlinge, Vertriebene, Entwurzelte, wer in der Welt will davon schon noch etwas hören?

Dokumentation

Auf dem Höhepunkt der deutschen Expansion während der Jahre 1941 bis 1942 umriß Hitler bei den «Tischgesprächen» im ostpreußischen Führerhauptquartier seine Vorstellungen über die Neuordnung Europas nach dem Krieg. Ziel war ein «Großgermanisches Reich» vom Nordkap bis zu den Alpen, vom Atlantik bis ans Schwarze Meer. Der ganze Osten sollte eine riesige Ausbeutungskolonie werden, eine Art germanisches Indien, allerdings direkt an das Kernland angrenzend – Rohstofflieferant für das Reich, Truppenübungsplatz für die Militärs, Siedlungsgebiet für «rassisch gesiebte» Bauern. Die 180 Millionen Russen seien in Gettos zusammenzufassen und auf niedrigstem Niveau zu halten, gerade gut genug, die Befehle der deutschen Herren auszuführen. Alle Völker im Osten hätten vor allem die Aufgabe, «uns wirtschaftlich zu dienen».

Schon Mitte der zwanziger Jahre hatte Hitler, damals noch Führer einer völkischen Splitterpartei, «den Blick nach dem Land im Osten» gewiesen, wo «Rußland und die ihm untertanen Randstaaten» dem deutschen Drang nach «Lebensraum» zu weichen hätten (siehe Dokument, S. 171). Später, 1941, sprach er von einem «riesenhaften Kuchen», der nur noch einer «handgerechten Zerlegung» bedürfte.

Die Zukunftsvisionen Hitlers waren mit der Zerschlagung Polens im September 1939 in eine erste konkrete Phase getreten. Der westliche Teil des eroberten Landes wurde dem Deutschen Reich eingegliedert (neben Grenzverschiebungen in Ostpreußen und Schlesien wurden zwei neue Reichsgaue gebildet: Danzig-Westpreußen und Wartheland), der mittlere und südliche Teil wurde zum «Nebenland» Deutschlands («Generalgouvernement») gemacht. Den Osten und Südosten Polens annektierten zunächst die Sowjetrussen. 1941 gelangten auch diese Gebiete als Teile der Reichskommissariate Ostland und Ukraine unter deutsche Herrschaft. Ostgalizien wurde dem Generalgouvernement angeschlossen. In den 1939 von Deutschland annektierten Gebieten lebten damals etwa zehn Millionen Menschen: Eine Million Deutsche, 7,8 Millionen Polen, 700 000 Juden. Sofort begannen dort die Terror- und Vernichtungsmaßnahmen, die Umsiedlung lief an: Polen und Juden raus, «Reichsdeutsche» und «Volksdeutsche» rein (siehe Dokument, S. 172).

Im Generalgouvernement mobilisierte die deutsche Besatzungsmacht alle Ressourcen für die Kriegswirtschaft. Dabei standen die Wehrmachtsdienststellen und die Verwaltungsbehörden sowie die SS-Gruppen, die vornehmlich ihre rassistische Germanisierungspolitik betrieben, nicht selten in Konkurrenz.

Der am 7. Oktober 1939 als «Reichskommissar für die Festigung deutschen Volkstums» (RKF) mit der gesamten Rück-, An-, Aus- und Umsiedlung im Osten beauftragte Reichsführer-SS Heinrich Himmler hielt 1940 die Grundzüge der deutschen Germanisierungs- und Ostpolitik in einem Memorandum fest: Möglichst starke Aufsplitterung der Bevölkerung und «Eindeutschung» eines kleinen, nach deutschen Maßstäben «rassisch wertvollen» Teils; alle übrigen «Fremdvölkischen» sollten als Reservoir von unqualifizierten Arbeitskräften verfügbar gehalten oder liquidiert werden (siehe Dokument, S. 173).

1941/42 wurde in Zusammenarbeit mehrerer SS-Dienststellen ein «Generalplan Ost» entworfen (siehe Dokument, S. 175), der bei den Planungsbehörden des von Alfred Rosenberg geleiteten Reichsministeriums für die besetzten Ostgebiete auf Kritik stieß, die sich allerdings nur auf Durchführungsprobleme bezog, (siehe Dokument, S. 180). Auch Himmler hatte in einigen Detailpunkten Einwände. Grundsätzlich aber hielt er auch noch an seinem Zukunftsbild der deutschen Terrorherrschaft fest, als das Kriegsglück sich längst gewendet hatte und die deutschen Truppen aus den eroberten Gebieten zurückgedrängt wurden (siehe Dokument, S. 187).

«Bodenpolitik der Zukunft»

In dem 1924-26 geschriebenen Bekenntnisbuch «Mein Kampf» formulierte Hitler schon seine ostpolitischen Zielsetzungen. Auszüge:

Die Erwerbung von neuem Grund und Boden zur Ansiedelung der überlaufenden Volkszahl besitzt unendlich viele Vorzüge, besonders wenn man nicht die Gegenwart, sondern die Zukunft ins Auge faßt . . .

Allerdings eine solche Bodenpolitik kann nicht etwa in Kamerun ihre Erfüllung finden, sondern heute fast ausschließlich nur mehr in Europa . . . Man darf in diesem Falle sich nicht durch politische Grenzen von den Grenzen des ewigen Rechts abbringen lassen. Wenn diese Erde wirklich für alle Raum zum Leben hat, dann möge man uns also den uns zum Leben nötigen Boden geben.

Man wird das freilich nicht gerne tun. Dann jedoch tritt das Recht der Selbsterhaltung in seine Wirkung; und was der Güte verweigert wird, hat eben die Faust sich zu nehmen . . .

Das Recht auf Grund und Boden kann zur Pflicht werden, wenn ohne Bodenerweiterung ein großes Volk dem Untergang geweiht erscheint . . . Deutschland wird entweder Weltmacht oder überhaupt nicht sein . . .

Damit ziehen wir Nationalsozialisten bewußt einen Strich unter die außenpolitische Richtung unserer Vorkriegszeit. Wir setzen dort an, wo man vor sechs Jahrhunderten endete. Wir stoppen den ewigen Germanenzug nach dem Süden und Westen Europas und weisen den Blick nach dem Land im Osten. Wir schließen endlich ab die Kolonial- und Handelspolitik der Vorkriegszeit und gehen über zur Bodenpolitik der Zukunft.

Wenn wir aber heute in Europa von neuem Grund und Boden reden, können wir in erster Linie nur an Rußland und die ihm untertanen Randstaaten denken . . .

Das Riesenreich im Osten ist reif zum Zusammenbruch . . . Wir sind vom Schicksal ausersehen, Zeugen einer Katastrophe zu werden, die die gewaltigste Bestätigung für die Richtigkeit der völkischen Rassentheorie sein wird.

«Jede Nacht Erschießungen»

Der Exilvorstand der SPD gab 1934 bis 1940 «Deutschland-Berichte» heraus (1980 im Verlag Petra Nettelbeck und Zweitausendeins in sieben Bänden erschienen). Darin ist auch die Situation im besetzten Polen am Jahresende 1939 geschildert. Auszüge:

Warschau macht einen geradezu gespenstischen Eindruck . . . weil in allen Straßen das gleiche Grauen wohnt. Überall sind die Spuren der Belagerung und Bombardierung sichtbar . . . Reihenweise stehen nur noch die Fassaden der Häuser . . .

In Warschau wird mit unerbittlicher Brutalität gegen die Polen Krieg geführt. Es gibt drei deutsche Verwaltungen . . .

Tonangebend ist ohne Zweifel die Gestapo, von der es in Warschau ein ganzes Heer gibt . . . Sie hält eigentlich die ganze Stadt unter Terror. Ihre Hauptsorge ist die Suche nach Wertpapieren, ausländischen Schuldtiteln, Devisen, Gold und sonstigen Wertgegenständen. Eine nicht abreißende Kette von Haussuchungen bei allen Firmen und Privathaushaltungen wird von der Gestapo durchgeführt, sowohl bei Polen als auch bei Juden. Es wird da nicht der geringste Unterschied gemacht. Alles wird ausgeraubt. Daneben werden Enteignungen am laufenden Band . . . durchgeführt. Es gibt keine wichtigeren Industrie-Unternehmungen mehr in Warschau und ebenso wohl in ganz Polen, die sich noch in polnischen oder jüdischen Händen befinden. Sogenannte Volksdeutsche oder, wenn qualifizierte Kräfte benötigt werden, auch Reichsdeutsche, werden als Treuhänder eingesetzt . . .

Ist der Raub aller Vermögenswerte die Hauptaufgabe der Gestapo, so sind ihre zweite Aufgabe die Verhaftungen und Erschießungen von allen möglichen Leuten . . . es finden tatsächlich jede Nacht seit der Besetzung Warschaus durch die deutschen Truppen Erschießungen statt.

. . . Das eigentlich entsetzlichste Problem, das es heute in Polen gibt, die Umsiedlung. Tatsächlich sind Pommerellen und Posen heute zum großen Teil schon von der polnischen Bevölkerung geräumt. Die Polen – und zwar ausnahmslos die gebildeten Bürgerschichten, teilweise aber auch die Arbeiter – sind aus diesen beiden Provinzen ins Innere des Landes geschafft worden. Sie erhielten Befehl, binnen 24, 12, ja 3 Stunden ihre Stadt zu verlassen und durften nichts als die notwendigsten Kleider oder Schlafdecken mitnehmen . . .

«Untermenschentum des Ostens»

Die von Heinrich Himmler ausgearbeiteten «Gedanken über die Behandlung der Fremdvölkischen im Osten» wurden, wie der Reichsführer-SS stolz vermerkte, von Hitler im Mai 1940 für «sehr gut und richtig» befunden. Die Denkschrift ist, wie die folgenden Dokumente, in vollem Wortlaut im Münchner Institut für Zeitgeschichte einsehbar. Auszüge:

Bei der Behandlung der Fremdvölkischen im Osten müssen wir darauf sehen, soviel wie möglich einzelne Völkerschaften anzuerkennen und zu pflegen, also neben den Polen und Juden die Ukrainer, die Weißrussen, die Goralen, die Lemken und die Kaschuben. Wenn sonst noch irgendwo Volkssplitter zu finden sind, auch diese.

Ich will damit sagen, daß wir nicht nur das größte Interesse daran haben, die Bevölkerung des Ostens nicht zu einen, sondern im Gegenteil in möglichst viele Teile und Splitter zu zergliedern.

Aber auch innerhalb der Völkerschaften selbst haben wir nicht das Interesse, diese zu Einheit und Größe zu führen, ihnen vielleicht allmählich Nationalbewußtsein und nationale Kultur beizubringen, sondern sie in unzählige kleine Splitter und Partikel aufzulösen.

. . . nur dadurch, daß wir diesen ganzen Völkerbrei des Generalgouvernements von 15 Millionen und die acht Millionen der Ostprovinzen auflösen, wird es uns möglich sein, die rassische Siebung durchzuführen, die das Fundament in unseren Erwägungen sein muß, die rassisch Wertvollen aus diesem Brei herauszufischen, nach Deutschland zu tun, um sie dort zu assimilieren.

Schon in ganz wenigen Jahren – ich stelle mir vor, in vier bis fünf Jahren – muß beispielsweise der Begriff der Kaschuben unbekannt sein, da es dann ein kaschubisches Volk nicht mehr gibt (das trifft besonders auch für die Westpreußen zu) . . . Es muß in einer etwas längeren Zeit auch möglich sein, in unserem Gebiet die Volksbegriffe der Ukrainer, Goralen und Lemken verschwinden zu lassen. Dasselbe, was für diese Splittervölker gesagt ist, gilt in dem entsprechend größeren Rahmen für die Polen.

Eine grundsätzliche Frage bei der Lösung aller dieser Probleme ist die Schulfrage und damit die Frage der Sichtung und Siebung der Jugend. Für die nichtdeutsche Bevölkerung des Ostens darf es keine höhere Schule geben als die vierklassige Volksschule. Das Ziel dieser Volksschule hat lediglich zu sein: Einfaches Rechnen bis höchstens 500, Schreiben des Namens, eine Lehre, daß es ein göttliches Gebot ist, den Deutschen gehorsam zu sein und ehrlich, fleißig und brav zu sein. Lesen halte ich nicht für erforderlich.

Außer dieser Schule darf es im Osten überhaupt keine Schulen geben. Eltern, die ihren Kindern von vorneherein eine bessere Schulbildung sowohl in der Volksschule als später auch an einer höheren Schule vermitteln wollen, müssen dazu einen Antrag bei den Höheren SS- und Polizeiführern stellen. Der Antrag wird in erster Linie danach entschieden, ob das Kind rassisch tadellos und unseren Bedingungen entsprechend ist. Erkennen wir ein solches Kind als unser Blut an, so wird den Eltern eröffnet, daß das Kind auf eine Schule nach Deutschland kommt und für Dauer in Deutschland bleibt . . .

Die Eltern dieser Kinder guten Blutes werden vor die Wahl gestellt, entweder das Kind herzugeben – sie werden dann wahrscheinlich keine weiteren Kinder mehr erzeugen, so daß die Gefahr, daß dieses Untermenschenvolk des Ostens durch solche Menschen guten Blutes eine für uns gefährliche, da ebenbürtige Führerschicht erhält, erlischt –, oder die Eltern verpflichten sich, nach Deutschland zu gehen und dort loyale Staatsbürger zu werden. Eine starke Handhabe, die man ihnen gegenüber hat, ist die Liebe zu ihrem Kind, dessen Zukunft und dessen Ausbildung von der Loyalität der Eltern abhängt.

Abgesehen von der Prüfung der Gesuche, die die Eltern um eine bessere Schulbildung stellen, erfolgt jährlich insgesamt bei allen Sechs- bis Zehnjährigen eine Siebung aller Kinder des Generalgouvernements nach blutlich Wertvollen und Nichtwertvollen. Die als wertvoll Ausgesiebten werden in der gleichen Weise behandelt wie die Kinder, die auf Grund des genehmigten Gesuches ihrer Eltern zugelassen wurden . . .

Die Bevölkerung des Generalgouvernements setzt sich dann zwangsläufig nach einer konsequenten Durchführung dieser Maßnahmen im Laufe der nächsten zehn Jahre aus einer minderwertigen Bevölkerung . . . zusammen.

Diese Bevölkerung wird als führerloses Arbeitsvolk zur Verfügung stehen und Deutschland jährlich Wanderarbeiter und Arbeiter für besondere Arbeitsvorkommen (Straßen, Steinbrüche, Bauten) stellen; sie wird selbst dabei mehr zu essen und zu leben haben als unter der polnischen Herrschaft und bei eigener Kulturlosigkeit unter der strengen, konsequenten und gerechten Leitung des deutschen Volkes berufen sein, an dessen ewigen Kulturtaten und Bauwerken mitzuarbeiten und diese, was die Menge der groben Arbeit anlangt, vielleicht erst ermöglichen.

«Generalplan Ost»

Federführend für den «Generalplan Ost» war, im Auftrag Himmlers, SS-Standartenführer Konrad Meyer, Chef der Planungsabteilung des Reichssicherheitshauptamts. Die letzte Fassung dieser umfangreichen Denkschrift wurde im Mai 1942 dem Reichsführer-SS vorgelegt. Auszüge:

A. Forderungen an eine künftige Siedlungsordnung.

I. Ländliche Siedlung.

Die deutschen Waffen haben die in Jahrhunderten immer wieder umstrittenen Ostgebiete endgültig dem Reiche gewonnen.

Das Reich erblickt nunmehr seine vornehmste Aufgabe darin, diese Gebiete innerhalb kürzester Frist zu vollwertigen Reichsgauen auszubauen. Die erste Voraussetzung hierfür bildet die ländliche Siedlung und die Schaffung eines gesunden Bauerntums . . .

Die weiteren Siedlungsgebiete sind als Marken des Reiches aus ihrem bisherigen staatsrechtlichen Territorialverband auszugliedern und für die Dauer des Aufbaus der Hoheitsgewalt des Reichsführers SS zu unterstellen. In den die Marken verbindenden Siedlungsstützpunkten gilt das eben für die eingegliederten Ostgebiete Gesagte . . .

II. Städtische Siedlung.

Die Heranziehung deutscher Menschen zur Eindeutschung und zum Aufbau der Städte des Ostens setzt voraus, daß werbende Lebensumstände und Entwicklungsmöglichkeiten geboten werden. Deshalb darf der Gesichtspunkt der Bindung der städtischen Siedler nicht in den Vordergrund gestellt werden, vielmehr muß die dem Wesen der Stadt entsprechende Bewegungsfreiheit augenfällig sein.

Gleichwohl wird eine Eindeutschung der Städte ohne Seßhaftmachung des größten Teils der wirtschaftlich nicht selbständigen Stadtbevölkerung und vieler Arbeiter und Angestellten nicht ermöglicht werden und gesichert sein. Auch in der Stadt muß deshalb die Verbindung mit dem Boden in stärkstem Maße angestrebt werden; die Heranziehung städtischem Volkes ist auch Siedlung.

Die Eindeutschung der Städte ist unmöglich, wenn nur mit einer durch Dienstbefehl, Arbeitseinsatz oder wirtschaftliche Spekulation unstetigen städtischen Bevölkerung zu rechnen ist. Gerade auch die Stadtbevölkerung soll im Osten ihre dauernde Heimat finden . . .

III. Schaffung von Siedlungsmarken.

Siedlung und Verwaltung.

Bei der Eingliederung der Ostgebiete ist bisher der Weg beschritten worden, daß nach einer verhältnismäßig kurzen Zeit der Militärverwaltung die allgemeine Zivilverwaltung eingeführt wurde, sei es durch vollkommene Eingliederung in die normale Organisation (Reichsgaue) oder durch Einsetzung eines CdZ [Chef der Zivilverwaltung, Anmerkung der Redaktion]... In beiden Fällen ist alsbald der Apparat der inneren Verwaltung und der Sonderverwaltungen mit der gleichen Aufgabenstellung und Methode wie im übrigen Reich entwickelt worden.

In diesen Gebieten ist die volkspolitisch bestimmte Siedlung nur ein Teilgebiet der allgemeinen Verwaltung. Die Eindeutschungs- und Sicherungsziele stehen neben anderen Verwaltungszielen. Demgemäß wird die vom Reichskommissar für die Festigung Deutschen Volkstums in Anspruch genommene Siedlungs- und Planungshoheit in diesen Gebieten immer neben der allgemeinen Verwaltungshoheit der Reichsstatthalter (Oberpräsidenten, CdZ) stehen, sich praktisch mit dieser überschneiden und meist nur im Wege der Verhandlung, oft unter wesentlichen sachlichen Opfern gesichert werden müssen. Im Generalgouvernement und in den besetzten Ostgebieten ist diese Lage durch die staatsrechtliche Sonderstellung in verstärktem Maße gegeben.

Marken des Reiches.

An der vordersten Front des deutschen Volkstums gegenüber dem Russen- und Asiatentum sind aber bestimmte Gebiete vorgezeichnet, die eine besondere Reichsaufgabe haben. In diesen Gebieten ist zur lebenswichtigen Sicherung des Reiches nicht nur der Einsatz von Machtmitteln und Organisation, sondern gerade von deutschen Menschen als bodenständiger Bevölkerung notwendig. Hier soll in vollkommen fremder Umwelt deutsches Volkstum mit dem Boden verwurzelt und in seinem biologischen Bestand für die Dauer gesichert werden...

Die Hoheitsgewalt des Reichsführers-SS in den Marken.

Die Siedlungsmark ist aus ihrem bisherigen staatsrechtlichen Territorialverbande auszugliedern und unmittelbar unter den Führer der Hoheitsgewalt des Reichsführers-SS als Reichskommissar für die Festigung deutschen Volkstums für die Dauer des Aufbaues zu unterstellen. Der Reichsführer-SS übernimmt gegenüber dem Führer die Verantwortung für die Eindeutschung und den ihrem besonderen Reichssicherungszweck entsprechenden Aufbau. Nach Erfüllung des Auftrages werden die Siedlungsmarken in das

Reichsgebiet eingegliedert und können nun – unter Beachtung gewisser Rücksichten – der allgemeinen Verwaltung unterstellt werden ...

Menschenbesatz für die Eindeutschung der eingegliederten Ostgebiete.

Die Eindeutschung wird als vollzogen angenommen, wenn einmal der Grund und Boden in deutsche Hand überführt worden ist, zum anderen, wenn die beruflichen Selbständigen, die Beamten, die Angestellten, die gehobenen Arbeiter und die dazugehörigen Familien deutsch sind. Aufgrund der in den Raumordnungsskizzen niedergelegten Zielplanung wird die ländliche Bevölkerung rund 2,9 Millionen Menschen, die städtische Bevölkerung etwa 4,3 Millionen Menschen betragen. Für die Eindeutschung wird auf dem Lande eine Bevölkerungszahl von rund 1,8 Millionen, in der Stadt von etwa 2,2 Millionen deutscher Menschen für erforderlich gehalten.

Dem Aufbauprogramm ist zugrunde gelegt, daß die Eindeutschung des Landes innerhalb der ersten 5 Jahre nach Inangriffnahme des Aufbaues, die Eindeutschung der Städte innerhalb von 10 Jahren vollzogen ist. Die Zahl der aus dem Altreich benötigten deutschen Menschen ist abhängig von dem Umfang, in dem das vorhandene Volkstum eingedeutscht (Durchführung der Volksliste) und auf den deutschen Leistungsstand gebracht werden kann. Aus diesem Grunde kann z. Zt. der noch erforderliche Zusatzbedarf an deutschen Menschen aus dem Altreich nicht festgestellt werden. Er kann mit etwa 1,5 Millionen angenommen werden ...

Abgrenzung der Siedlungsräume in den besetzten Ostgebieten und Grundzüge des Aufbaues.

Die Durchdringung der großen Räume des Ostens mit deutschem Leben stellt das Reich vor die zwingende Notwendigkeit, neue Besiedlungsformen zu finden, die die Raumgröße und die jeweilig verfügbaren deutschen Menschen miteinander in Einklang bringen.

Im Generalplan Ost vom 15. Juli 1941 war die Abgrenzung neuer Siedlungsgebiete unter Zugrundelegung einer Entwicklung von 30 Jahren vorgesehen worden. Auf Grund von Weisungen des Reichsführers-SS ist zunächst von einer Besiedlung folgender Gebiete auszugehen:
1.) Ingermanland (Petersburger Gebiet)
2.) Gotengau (Krim und Chersongebiet, früher Taurien);
     es wird ferner vorgeschlagen:
3.) Memel-Narewgebiet (Bezirk Bialystok und Westlitauen).

Dieses Gebiet gehört mit den eingegliederten Ostgebieten zum Vorfeld und ist ein geopolitischer Schnittpunkt der beiden großen Siedlungseinrichtungen. Die Eindeutschung Westlitauens ist durch die Rückführung der Volksdeutschen bereits im Gange.

Es erscheint notwendig, diese drei Gebiete als Siedlungsmarken unter besonderes Recht zu stellen ... da sie an der vordersten Front des deutschen Volkstums eine besondere Reichsaufgabe haben.

Um diese Marken mit dem Reich in enger Verbindung zu halten und die Verkehrsverbindung zu sichern, werden längs der Haupteisenbahn- und Autobahnlinien 36 Siedlungsstützpunkte (davon 14 im Generalgouvernement) in Vorschlag gebracht. Diese Siedlungsstützpunkte knüpfen an heute vorhandene günstige Zentralpunkte an und decken sich mit SS- und Polizeistützpunkten höherer Ordnung. Der Abstand der Stützpunkte von einander beträgt rund 100 km. Die Gesamtfläche jedes Stützpunktes ist mit rund 2 000 qkm bemessen und entspricht also der Größe von 1 bis 2 Landkreisen des Altreichs ...

Ausblick.

Das vorgelegte Siedlungsprogramm, das die Eindeutschung und den Siedlungsaufbau der eingegliederten Ostgebiete, der Marken und Stützpunkte vorsieht, ist die Aufgabe der Nachkriegsgeneration. Von der Beständigkeit des Siedlungswillens und der Nachhaltigkeit der Siedlungskraft des Germanentums hängt die endgültige Ausfüllung der hier vorläufig begrenzten Siedlungsräume ab. Vor allem wird die Dauer unserer kolonisatorischen Kraft darüber entscheiden, ob es der nächsten Generation gelingt, erstmalig die nördliche und südliche Richtung der historischen Germanenzüge zu einem in der Mitte geschlossenen Raum zu verbinden und damit endgültig der europäischen Kultur zu sichern.

Zusammenfassung der Ergebnisse.

A. Die Forderungen an eine künftige Siedlungspolitik erstrecken sich auf die Klarstellung der Verantwortungsbefugnis, des wahrzunehmenden Bodenrechts und der Aufbaugrundsätze in den eingegliederten und noch einzugliedernden Ostgebieten.

Die verantwortliche Befehlsgewalt soll in Händen des Reichsführers-SS als dem Reichskommissar für die Festigung deutschen Volkstums liegen; dementsprechend auch die Verfügungsgewalt über den Grund und Boden und die Lenkung und politische Betreuung des Siedlungsaufbaues. Unter seiner Leitung werden Lehensgehöfte und -stellen mit Unterstützung des Reiches in

Gestalt von Zeitlehen errichtet, die in unkündbare Erblehen und später in Lehenseigentum besonderen Rechts überzuführen sind.

Innerhalb des städtischen Aufbaues wird die Verknüpfung von städtischer Bewegungsfreiheit und anzustrebender Seßhaftigkeit in den neuen Heimatgebieten durch Schaffung von Eigenheimen, Durchführung eines sozialen Wohnungsbaues und nach der Dauer der Ansässigkeit gestaffelte finanzielle Vergünstigungen angestrebt.

Die straff gegliederte Verwaltungsorganisation in den während der Zeit des Aufbaues verselbständigten Marken ist auf die Bedürfnisse der Siedlung abgestellt.

B. Die Kosten des Aufbaues in den eingegliederten Ostgebieten sind schätzungsweise mit 45,7 Mrd. RM veranschlagt. Ihre Finanzierung ist auf möglichst viele Aufbauträger verteilt (Reichshaushalt, Reichsbahnvermögen, Gemeindevermögen, Vermögen der Organisationen der gewerblichen Wirtschaft, privater Kapitalmarkt, neuzubildende Sondervermögen des RKF).

Es wurde ein Aufbauprogramm in 5 Fünfjahresplänen entworfen. Darin umfaßt das erste Jahrfünft vorwiegend den ländlichen, das zweite vorwiegend den städtischen Aufbau. Innerhalb der beiden ersten Jahrfünfte werden an den Baustellen etwa 300 000, insgesamt rund 450 000 Arbeitskräfte erforderlich sein.

Für die zeitliche Aufbringung der Geldmittel wird neben dem privaten Kapitalmarkt der Reichshaushalt während des Hauptaufbauzeitraums mit jährlich 1,16 Mrd. und das Sondervermögen des RKF mit einer jährlichen Höchstbeanspruchung von 0,392 Mrd. herangezogen.

C. Bei der Abgrenzung der Siedlungsräume in den besetzten Ostgebieten wird auf

1) das Ingermanland,
2) den Gotengau,
3) das Memel-Narew-Gebiet und
4) 36 Siedlungsstützpunkte

hingewiesen, für deren Eindeutschung auf dem Lande und in den Städten ein Zeitplan die Fristen absteckt. Dabei ergibt sich ein Siedlerbesatz von knapp 3,5 Mill. deutschen Menschen, dem eine Gesamtziffer von rund 5,5 Mill. Siedlern gegenübergestellt werden kann, mit welcher auch die Ansiedlung in den eingegliederten Ostgebieten (Bedarf rund 1,5 Mill. Menschen) sicherzustellen ist.

«Ausrottung, Auslaugung und Eindeutschung»

Erhard Wetzel, rassenpolitischer Sonderdezernent im Ostministerium und promovierter Jurist, legte im April 1942 eine umfangreiche Ausarbeitung vor: «Stellungnahme und Gedanken zum Generalplan Ost des Reichsführers-SS». Auszüge:

In seiner Zielsetzung, nämlich der beabsichtigten Eindeutschung der in Betracht kommenden Ostgebiete ist der Plan zu billigen. Die gewaltigen Schwierigkeiten, die zweifellos bei der Durchführung des Planes auftauchen, die zum Teil sogar Zweifel an seiner Durchführung hervorrufen können, werden jedoch in dem Plan verhältnismäßig leicht genommen. Was das Siedlungsgebiet zunächst angeht, so fällt auf, daß in dem Plan Ingermanland, der Dnjeprbogen, Taurien und die Krim als Siedlungsgebiete herausgenommen sind . . .

Auch sonst scheint heute als Siedlungsgrenze nach Osten, was den nördlichen und mittleren Teil der Ostgrenze betrifft, eine wohl mehr nach östlich gelegene Linie, die vom Ladoga-See-Waldaihöhe bis Brjansk verläuft, genannt zu werden. Ob insofern von Seiten der SS der Plan abgeändert ist, vermag ich nicht zu beurteilen. Jedenfalls dürfte sich ergeben, daß der Kreis der Personen, die damit nach dem Plan für eine Aussiedlung in Betracht kommen würden, sich noch erhöhen dürfte.

Aus dem Plan ergibt sich, daß es sich nicht um ein Sofortprogramm handelt, daß vielmehr die Besiedlung des Raumes mit Deutschen etwa 30 Jahre nach dem Kriege erreicht sein soll. Wie aus dem Plan hervorgeht, sollen 14 Mill. Fremdvölkische in dem Raum verbleiben. Ob diese jedoch innerhalb der vorgesehenen Zeit von 30 Jahren wirklich umgevolkt und eingedeutscht werden, erscheint mehr als zweifelhaft, da auch nach dem vorliegenden Plan die Anzahl der deutschen Siedler nicht gerade beträchtlich ist. Offensichtlich ist nach dem Plan die Tendenz des Reichskommissars für die Festigung deutschen Volkstums (Dienststelle Greifelt), die eindeutschungsfähigen Fremdvölkischen in das Altreich abzuschieben, aufgegeben. Es wird ausdrücklich . . . erwähnt, daß die Fremdvölkischen, die nicht ausgesiedelt werden sollen, im Ostraum als Bevölkerung verbleiben.

Die Kernfrage der ganzen Ostsiedlung ist, ob es uns gelingt, im deutschen Volke den Siedlungstrieb nach dem Osten wieder zu erwecken. Daß er zum großen Teil vorhanden ist, kann nach meinen Erfahrungen nicht bezweifelt werden. Es darf aber auch nicht verkannt werden, daß andererseits wieder große Teile der Bevölkerung insbesondere aus der westlichen Reichshälfte, eine

Ansiedlung im Osten, ja schon im Warthegau oder Danzig-Westpreußen scharf ablehnen, einmal weil sie die Ostgebiete wegen ihrer weiten Ebenen für zu eintönig und niederdrückend oder für zu kalt oder zu primitiv halten ...

Neben der Frage des Siedlungswillens im Osten ist weiter entscheidend, im deutschen Volke, insbesondere aber in den deutschen Ostsiedlern den Willen zum Kinde in ganz anderem Maße zu erwecken als bisher. Wir dürfen uns keiner Täuschung hingeben: Die bisherige Steigerung der Geburtenziffer seit dem Jahre 1933 ist an sich erfreulich, kann aber in keiner Weise für den Bestand des deutschen Volkes als ausreichend angesehen werden, insbesondere wenn man die gewaltigen Siedlungsaufgaben im Osten und die ungeheure biologische Vermehrungskraft unserer östlichen Nachbarvölker in Betracht zieht.

Der Generalplan Ost ist der Meinung, daß nach Kriegsende folgende Siedlungszahlen für eine sofortige Siedlung zur Verfügung stehen:

1) 110 000 heiratsfähige und siedlungswillige Personen... Rechnet man hier die entsprechenden Frauen hinzu, ergibt sich eine Zahl von 220 000 Siedlern.

2) Aus bäuerlichen Familien aus den jetzigen Umsiedlungslagern stehen nach dem Plan 20 000 ... Personen zur Verfügung.

3) Aus der Umsiedlung des in Rußland lebenden Deutschtums stehen nach dem Plan 100 000 Familien zur Verfügung. Selbst wenn man zu Gunsten des Planes annimmt, daß die Familien tatsächlich noch vollzählig sind, ja daß es sich um kinderreiche Familien mit durchschnittlich 4 Kindern handelt, würden damit 600 000 Personen in Betracht kommen. Damit stehen für eine Sofortsiedlung günstig gerechnet 840 000 Menschen zur Verfügung.

Wenn sich ergeben sollte, daß noch weitaus größere Mengen der Volksdeutschen in der Sowjetunion gerettet werden können, würden unter der Voraussetzung, daß diese nicht im Dnjeprbogen-Taurien angesiedelt bleiben oder zur Ansiedlung kommen, sich diese Zahlen noch erhöhen ...

Wie dann aus den weiteren Ausführungen . . . des Planes geschlossen werden muß, wird mit weiteren Nachumsiedlungen gerechnet . . .

Demgemäß ergibt sich eine Gesamtumsiedlerzahl von . . . 4 550 000

Diese Zahl erscheint angesichts des Zeitraumes von 30 Jahren meines Erachtens nicht zu hoch gegriffen. Es ist durchaus möglich, daß sie höher lauten könnte. Es ist aber nun zu bedenken, daß sich diese 4 550 000 Deutsche auf Gebiete, wie den Gau Danzig-Westpreußen, das Wartheland, Oberschlesien, das Generalgouvernement, Süd-Ostpreußen, Bialystok, das Baltikum, Ingerman-

land, Weißruthenien, zum Teil auch Gebiete der Ukraine vertei-
len. Es ist weiter zu bedenken, daß die Zahl der im Warthegau und
in Danzig-Westpreußen schon vorhandenen Deutschen verhältnismäßig gering ist. 1939 standen in Danzig-Westpreußen 817 000
Deutsche 1 310 000 Polen gegenüber, im Warthegau 309 000 Deutsche 7 356 000 Polen. Selbst wenn man berücksichtigt, daß seit 1939
in Danzig-Westpreußen als auch im Warthegau eine Nachwande-
rung von Deutschen stattgefunden hat, so wird die Zahl der heute
in Danzig-Westpreußen und im Warthegau vorhandenen Deutschen ebenfalls auf 1,6 bis 1,7 Mill. zu veranschlagen sein. Damit
ergibt sich, daß in Danzig-Westpreußen, im Warthegau, im Generalgouvernement, im Baltikum, in Weißruthenien, Ingermanland
und in der West-Ukraine in 30 Jahren eine Zahl von etwa 6 200 000
Deutschen in Betracht kommen dürfte. Wenn man hier eine
günstige Bevölkerungsvermehrung in Anschlag stellt und weiter
auch noch in gewissem Umfange die Einwanderung von Siedlern
aus anderen germanischen Ländern berücksichtigt, kann man mit
einer Zahl von 8 000 000 Deutschen in diesen Räumen in etwa 30
Jahren rechnen. Damit wird die in dem Plan vorgesehene Zahl von
10 000 000 Deutschen nicht erreicht. Diesen 8 000 000 Deutschen
stehen nun nach dem Plan 45 Mill. Fremdvölkische gegenüber, von
denen 31 Mill. ausgesiedelt werden sollen.

Wenn wir hier die zunächst eingesetzte Zahl von 45 Mill.
Fremdvölkischen untersuchen, so ergibt sich, daß die fremdvölkische Bevölkerung des hier in Betracht kommenden Raumes an sich
stärker ist. In dem Gebiet des ehemaligen Polen ist die Bevölkerung mit etwa 36 Mill. zu veranschlagen, wobei wir jedoch ca. 1
Mill. Volksdeutsche auszuschalten haben, so daß 35 Mill. einzusetzen sind. Die Baltenländer haben eine Bevölkerung von 5,5 Mill.
Offensichtlich nimmt der Generalplan Ost auch noch die früheren
sowjetischen Provinzen Shitomir, Kamenez-Podolsk und teilweise
Winniza als Siedlungsgebiet in Anspruch. Während die Bevölkerung von Shitomir und Kamenez-Podolsk auf etwa 3,6 Mill. zu
veranschlagen ist, wird man für Winniza, da ein erheblicher Teil
zum rumänischen Interessengebiet gehört, höchstens 2 Mill. rechnen können, so daß sich eine Zahl von etwa 5,5 Mill. bis 5,6 Mill.
Bewohnern ergibt. Damit ergibt sich für die hier in Betracht
kommenden Gebiete eine Gesamtbevölkerung von 51 Mill . . . Nur
wenn man davon ausgeht, daß die etwa 5 bis 6 Mill. Juden, die in
diesem Raume wohnen, schon vor der Evakuierung beseitigt sind,
kommt man zu der in dem Plan erwähnten Ziffer von 45 Mill.
Fremdvölkischen. Die Ausführungen des Planes ergeben jedoch,
daß die Juden in den genannten 45 Mill. noch enthalten sind.
Insofern erscheint also der Plan offensichtlich von falschen Bevöl-
kerungsziffern auszugehen.

Es kommt aber weiter noch hinzu, daß in dem Plan mir nicht berücksichtigt zu sein scheint, daß auch die Fremdvölkischen sich in dem Zeitraum von 30 Jahren in ganz erheblichem Umfange weiter vermehren werden . . .

Unter diesen Umständen muß davon ausgegangen werden, daß die Zahl der Fremdvölkischen in diesen Gebieten weitaus höher als 51 Mill. einzusetzen sein wird. Die Zahl wird zwischen 60 bis 65 Mill. liegen . . . Um so größer sind demgemäß aber auch die Schwierigkeiten für die Durchführung des Planes.

Geht man davon aus, daß 14 Mill. Fremdvölkische in den betreffenden Räumen bleiben, wie es der Plan vorsieht, so müßten demgemäß 46 bis 51 Mill. Menschen ausgesiedelt werden. Die Zahl von 31 Mill. auszusiedelnder Menschen, die der Plan angibt, dürfte nicht zutreffen . . .

Die Polen.

Ihre Zahl wird man auf die 20 bis 24 Millionen veranschlagen müssen. Sie sind das deutschfeindlichste, ziffernmäßig stärkste und darum gefährlichste aller in dem Plan für eine Umsiedlung in Betracht gezogenen Fremdvölker. Sie sind das Volk, das am meisten zu Verschwörungen neigt. Die Rolle, die die Polen heute zwangsläufig spielen müssen, spielen sie vielleicht lieber, als wie wir von unserem Standpunkt aus meinen. Heute können sie nach Herzenslust konspirieren und im Ausland den verfolgten unglücklichen edlen Polen spielen, Regierungen errichten, die keinen Schiffbruch erleiden können, weil sie nichts zu verwalten und damit keine Verantwortung haben, und die sich außerdem in ihren verschiedenen Gruppen auf das heftigste bekämpfen.

Rassisch gesehen kommen in den Polen im wesentlichen fast die gleichen Rassenelemente wie im deutschen Volke vor, nur daß das Verhältnis der einzelnen Rassen ein anderes als im deutschen Volke ist. Es ist sicher der nordisch-fälische Rasseneinschlag insbesondere in den nordwestlichen Gebieten . . . ziemlich stark vorhanden und dort kaum schwächer als bei der umwohnenden deutschen Bevölkerung. Das beruht auf dem starken deutschen Bluteinschlag, den die polnische Bevölkerung dieser Gegenden durch die Verpolung der Deutschen erhalten hat . . . Andererseits ist das ostbaltische Rassenelement im polnischen Volke in einem ganz anderen Umfange als im deutschen Volke vertreten. Es kommen ferner auch neben dinarischen, westischen und ostischen Einschlägen ziemlich primitive ostische Typen vor, bei denen man sehr große Zweifel haben kann, ob sie noch mit dem Homo alpinus der ostischen Rasse im Sinne Günthers gleichgesetzt werden können . . .

Der Plan sieht nun die Aussiedlung von 80 bis 85% Polen [vor] d.h. es kommen, je ob man von 20 oder 24 Millionen Polen ausgeht,

16 bis 20,4 Millionen Polen zur Aussiedlung, während 3 bis 4,8 Millionen Polen im deutschen Siedlungsraum verbleiben sollen. Diese vom Reichssicherheitshauptamt genannten Zahlen stehen im Gegensatz zu den Ziffern, die vom Reichskommissar zur Festigung deutschen Volkstums als Prozentsatz der eindeutschungsfähigen, rassisch erwünschten Polen angegeben werden. Der Reichskommissar zur Festigung deutschen Volkstums beziffert auf Grund seiner bisherigen Feststellungen bei der ländlichen Bevölkerung der Gaue Danzig-Westpreußen bzw. Wartheland (die Eindeutschungsfähigen) auf 3%. Würde man diese Zahl zugrunde legen, würden für die Aussiedlung sogar über 19 bis 23 Millionen Polen in Betracht kommen. Meines Erachtens sind die vom Reichsfestigungskommissar gestellten rassischen Voraussetzungen zu scharf . . .

Im Ostministerium interessiert nun aber ganz besonders die Frage, wo die rassisch unerwünschten Polen verbleiben sollen. Mehr oder minder 20 Millionen Polen in Westsibirien zwangsweise geschlossen anzusetzen, bedeutet zweifellos eine ständige, kompakte Gefahr des sibirischen Raumes, ein Herd ständigen Aufruhrs gegen die deutsche Ordnungsmacht . . .

Daß die große und weiträumige westsibirische Steppe mit ihren Schwarzerdegebieten noch weit über 20 Millionen Menschen auch in mehr oder minder geschlossenen Gebieten aufnehmen kann, möchte ich annehmen, vorausgesetzt, daß eine planmäßige Umsiedlung betrieben wird. Wo gewisse Schwierigkeiten auftauchen könnten, wäre die technische Durchführung einer derartigen Massenumsiedlung. Wenn man für die Umsiedlung eine Zeitdauer von 30 Jahren, wie auch im Plan geschehen, vorsieht, wird sich die Zahl der Umsiedler auf etwa 700 000 bis 800 000 belaufen, d. h. es würden für die Transportierung dieser Massen jährlich 700 bis 800 Eisenbahnen, für Transporte von Materialien, evt. Vieh, noch mehrere weitere hundert Züge in Betracht kommen. Das würde an sich bedeuten, daß etwa 100 bis 120 Eisenbahnzüge nur für die Polentransporte jährlich zur Verfügung stehen müßten. Technisch dürfte dies in einigermaßen ruhigen Zeiten aber durchführbar sein.

Daß man die Polenfrage nicht in dem Sinne lösen kann, daß man die Polen, wie die Juden, liquidiert, dürfte auf der Hand liegen. Eine derartige Lösung der Polenfrage würde das deutsche Volk bis in die ferne Zukunft belasten und uns überall die Sympathien nehmen, zumal auch die anderen Nachbarvölker damit rechnen müßten, bei gegebener Zeit ähnlich behandelt zu werden. Es muß meines Erachtens eine Lösung der Polenfrage in dem Sinne gefunden werden, daß die oben angedeuteten politischen Gefahren auf das geringstmögliche Maß zurückgeführt werden. Bereits im März 1941 hat der Unterzeichnete in einer

Denkschrift den Standpunkt vertreten, die Polenfrage zum Teil auch durch mehr oder minder freiwillige Auswanderung nach Übersee zu lösen. Wie dem Unterzeichneten ferner bekannt geworden ist, steht das Auswärtige Amt dem Gedanken einer eventuellen teilweisen Lösung der Polenfrage in Südamerika, insbesondere Brasilien, nicht uninteressiert gegenüber. . .

Eine Verbreitung des Polentums in Südamerika dürfte, insbesondere, wenn sich die Auswanderung nach Brasilien erstrecken sollte, keine erhebliche politische Gefahr bedeuten, da dem fanatischen katholischen Klerus in Brasilien verhältnismäßig leicht die Umvolkung der katholischen Polen gelingen sollte . . .

Die überwiegende Anzahl der rassisch unerwünschten Polen wird aber für die Umsiedlung nach dem Osten in Betracht kommen. Es wird sich hier größtenteils um Bauern, landwirtschaftliche Arbeiter, Gewerbetreibende, Handwerker und dergleichen handeln . . . Bei ihnen wird die Möglichkeit bestehen, daß sie im Sibiriakentum aufgehen. Der polnische Blutseinschlag im Sibiriakentum wird nur dahin führen können, daß sich der Sibirier in Zukunft nur noch mehr von den Russen distanziert . . .

Im folgenden muß nun aber noch eine Frage gestreift werden, die in dem Generalplan Ost überhaupt nicht erwähnt ist, die aber überhaupt die Frage im ganzen Ostraum ist, nämlich wie und ob sich überhaupt auf die Dauer gesehen eine deutsche Herrschaft angesichts der gewaltigen biologischen Kraft des russischen Volkes aufrechterhalten läßt. Damit muß kurz auf die zukünftige Behandlung der Russen, die in dem Generalplan so gut wie gar nicht erwähnt werden, eingegangen werden. . .

Prof. Abel wies angesichts der Verbreitung des nordischen Blutseinschlages auf die besondere Gefährlichkeit der Russen für die weitere Zukunft unseres Volkes hin, er warnte dringend, die Russen irgendwie zu unterschätzen. Es handele sich bei den Russen, so führte er aus, noch um ein junges Volk, das angesichts seiner rassischen Zusammensetzung vielleicht doch noch zu Leistungen befähigt sein könnte, wie immerhin die von den Sowjets durchgeführte Industrialisierung, die Leistungen russischer Facharbeiter und dergl. zeigten. Da es biologisch weitaus stärker als das deutsche Volk sei, bestände die große Gefahr, daß wir mit den Ostproblemen niemals fertig werden würden, ja in 25 oder 30 Jahren einen neuen Krieg im Osten haben könnten. Abel sah unter diesen Umständen nur folgende Lösungsmöglichkeiten: Entweder Ausrottung des russischen Volkes oder aber die Eindeutschung des nordisch bestimmten Teils des russischen Volkes. Diese sehr ernst zu nehmenden Ausführungen Abels verdienen allergrößte Beachtung. Es handelt sich nicht allein um die Zerschlagung des Moskowitertums ... Vielmehr handelt es sich um die Zerschlagung russischen Volkstums selbst, um seine Aufspaltung. Nur wenn die Probleme hier konsequent vom ... rassebiologischen Standpunkt aus gesehen werden und wenn demgemäß die deutsche Politik im Ostraum eingerichtet wird, besteht die Möglichkeit, der uns vom russischen Volke her drohenden Gefahr zu begegnen.

Der von Abel evtl. vorgeschlagene Weg, das Russentum zu liquidieren, kommt, abgesehen davon, daß die Durchführung kaum möglich ist, auch aus politischen und wirtschaftlichen Gründen nicht in Betracht. Unter diesen Umständen müssen verschiedene Wege gegangen werden, um mit dem Russenproblem fertig zu werden. Diese sollen im folgenden kurz aufgezeigt werden:

a) Zunächst kommt hier in Betracht, den Volksboden des russischen Volkes in verschiedene politische Verwaltungsbezirke aufzuteilen, um eine eigene volkstumsmäßige Entwicklung dieser Bezirke anzubahnen . . .

b) Ein zweites Mittel . . . ist die rassische Auslaugung des Russentums. Eine völlige Eindeutschung des Russentums ist weder jemals möglich noch aus rassischen Gründen für uns tragbar und erwünscht. Was aber durchgeführt werden kann und durchgeführt werden muß, ist die Absonderung der im russischen Volk vorhandenen nordischen Sippen und ihre allmähliche Eindeutschung . . .

c) . . . Wir müssen in den betreffenden Gebieten eine bewußt negative Bevölkerungspolitik treiben. Durch Propagandamaßnahmen, insbesondere durch Presse, Rundfunk, Kino, Handzettel, kurze Broschüren, Aufklärungsvorträge und dergleichen muß der Bevölkerung immer wieder der Gedanke eingeredet werden, wie schädlich es ist, sich viele Kinder anzuschaffen. Es muß einmal auf die Kosten hingewiesen werden, die Kinder machen, dann auf das, was man sich dafür hätte anschaffen können. Es können die großen gesundheitlichen Gefahren, die der Frau bei Geburten entstehen können, angedeutet werden und dergleichen. Neben dieser Propaganda muß eine großzügige Propaganda für Verhütungsmittel ins Land gehen. Eine Industrie für derartige Mittel muß eigens geschaffen werden. Strafbar darf weder das Anpreisen und Verbreiten von Verhütungsmitteln noch die Abtreibung sein. Man sollte die Einrichtung von Abtreibungsinstituten durchaus fördern. Man kann z. B. Hebammen oder Feldscherinnen zu Abtreiberinnen ausbilden. Je sachgemäßer die Abtreibungen vorgenommen werden, desto mehr wird die Bevölkerung hierzu Vertrauen gewinnen. Auch der Arzt muß selbstverständlich zu diesen Handlungen befugt sein, ohne daß hier ein Verstoß gegen die ärztliche Standesehre in Betracht kommt. Die freiwillige Sterilisierung ist gleichfalls zu propagieren. Die Säuglingssterblichkeit darf nicht bekämpft werden . . .

186

«Unsere Aufgaben in dem herrlichen Osten»

Am 3. August 1944 hielt Heinrich Himmler, Reichsführer-SS, Chef der deutschen Polizei, Reichsinnenminister und neuernannter Befehlshaber des Ersatzheeres, bei einer Gauleitertagung in Posen eine Rede, in der er auch auf die Pläne für den Osten einging. Auszüge:

Über das Problem, daß wir die hunderttausende von Quadratkilometern oder die Million Quadratkilometer, die wir verloren haben, im Osten wieder holen, brauchen wir uns überhaupt gar nicht zu unterhalten. Das ist ganz selbstverständlich. Das Programm ist unverrückbar. Es ist unverrückbar, daß wir die Volkstumsgrenze um 500 km herausschieben, daß wir hier siedeln. Es ist unverrückbar, daß wir ein germanisches Reich gründen werden. Es ist unverrückbar, daß zu den 90 Millionen die 30 Millionen übrigen Germanen dazu kommen werden, so daß wir unsere Blutbasis auf 120 Millionen Germanen vermehren. Es ist unverrückbar, daß wir die Ordnungsmacht auf dem Balkan und sonst in Europa sein werden . . . Es ist unverrückbar, daß wir diesen Siedlungsraum erfüllen, daß wir hier den Pflanzgarten germanischen Blutes im Osten errichten, und es ist unverrückbar, daß wir eine Wehrgrenze weit nach dem Osten hinausschieben. Denn unsere Enkel und Urenkel hätten den nächsten Krieg verloren, der sicher wieder kommen wird, sei es in einer oder in zwei Generationen, wenn nicht die Luftwaffe im Osten – sprechen wir es ruhig aus – am Ural stehen würde. Wer für den künftigen Luftkrieg nicht einen Spielraum von 2000, 3000 km hat, der hat den nächsten Krieg verloren.

Außerdem finde ich es so wunderbar, wenn wir uns heute schon darüber klar sind: Unsere politischen, wirtschaftlichen, menschlichen, militärischen Aufgaben haben wir in dem herrlichen Osten. Wenn es den Kosaken geglückt ist, sich für den russischen Zaren bis ans Gelbe Meer durchzufressen und das ganze Gebiet allmählich zu erobern, dann werden wir und unsere Söhne es in drei Teufels Namen fertigbringen, Jahr für Jahr, Generation für Generation unsere Bauerntrecks auszurüsten und von dem Gebiet, das wir zunächst hinter der militärischen Grenze haben, immer einige hundert Kilometer zunächst mit Stützpunkten zu versehen und dann allmählich flächenmäßig zu besiedeln und die anderen herauszudrängen. Das ist unsere Aufgabe . . .

Wolfgang Malanowski (Hg.)

1945

Deutschland in der Stunde Null

SPIEGEL-BUCH

Rowohlt

Was hatten die Alliierten mit den Deutschen vor?
Dieses Buch untersucht in einem historischen Überblick
und in vier Fallstudien – Köln, Freiburg, Passau, Cottbus –,
ob sie ihre Ziele erreicht haben und was aus den
Besiegten wurde.

SPIEGEL-BUCH   192 Seiten/DM 18,–

SPIEGEL-BUCH

Bisher erschienen (Auswahl):

Der Minister und der Terrorist
Gespräche zwischen Gerhart
Baum und Horst Mahler
(vergriffen)

Überlebensgroß Herr Strauß
Ein Spiegelbild – Heraus-
gegeben von Rudolf Augstein
(vergriffen)

Ariane Barth/Tiziano Terzani
Holocaust in Kambodscha
(vergriffen)

Hans Werner Kilz (Hg.)
Gesamtschule
Modell oder Reformruine?

Renate Merklein
Griff in die eigene Tasche
Hintergeht der Bonner
Sozialstaat seine Bürger?

Werner Meyer-Larsen (Hg.)
Auto-Großmacht Japan

Marion Schreiber (Hg.)
Die schöne Geburt
Protest gegen die Technik
im Kreißsaal

Wolfgang Limmer
**Rainer Werner Fassbinder,
Filmemacher**
(erweit. Neuaufl. Sept. 1982)

Fritjof Meyer
**China – Aufstieg und Fall
der Viererbande**

Hans Halter (Hg.)
Vorsicht Arzt!
Krise der modernen Medizin

Adam Zagajewski
Polen
Staat im Schatten der
Sowjetunion

Paul Lersch (Hg.)
Die verkannte Gefahr
Rechtsradikalismus in der
Bundesrepublik

Hans-Dieter Degler (Hg.)
Vergewaltigt
Frauen berichten

Michael Haller (Hg.)
Aussteigen oder rebellieren
Jugendliche gegen Staat
und Gesellschaft

Wilhelm Bittorf (Hg.)
Nachrüstung
Der Atomkrieg rückt näher

Timothy Garton Ash
**Und willst du nicht
mein Bruder sein . . .**
Die DDR heute

Werner Harenberg
Schachweltmeister

Jürgen Leinemann
Die Angst der Deutschen
Beobachtungen zur
Bewußtseinslage der Nation

SPIEGEL-BUCH

SPIEGEL-BUCH

SPIEGEL-BUCH

SPIEGEL-BUCH

SPIEGEL-BUCH